21世纪应用型人才教育会计类规划教材

审计学基础

Fundamentals of Auditing

主　编 ⊙ 杜建菊　刘向东

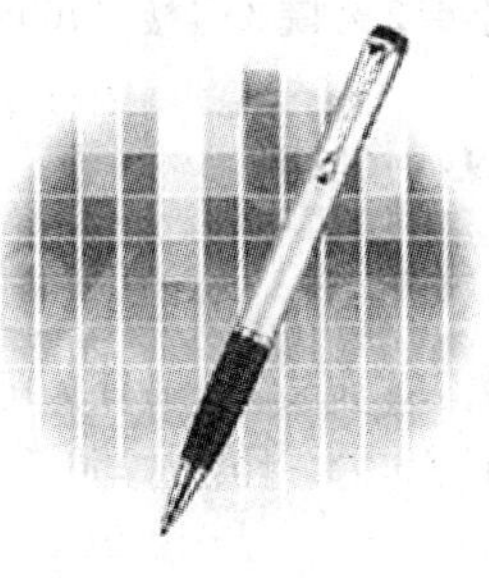

图书在版编目(CIP)数据

审计学基础/杜建菊,刘向东主编.—北京:中国市场出版社,2009.1(2011.4修订)

ISBN 978-7-5092-0457-3

Ⅰ.审…　Ⅱ.①杜…②刘…　Ⅲ.审计学　Ⅳ.F239.0

中国版本图书馆 CIP 数据核字(2008)第 196213 号

书　　名: 审计学基础
主　　编: 杜建菊　刘向东
责任编辑: 胡超平
出版发行: 中国市场出版社
地　　址: 北京市西城区月坛北小街 2 号院 3 号楼（100837）
电　　话: 编辑部（010）59487622
发行部（010）83706293　61224515

经　　销: 华兴同盟
印　　刷: 河北省高碑店市鑫宏源印刷包装有限责任公司
规　　格: 787×1092 毫米　1/16　13.75　印张　250 千字
版　　本: 2011 年 4 月第 2 版
印　　次: 2015 年 2 月第 2 次印刷
书　　号: ISBN 978-7-5092-0457-3
定　　价: 28.00 元

前言

与国际惯例趋同的会计准则、审计准则的全面出台，使得审计人员面临着新一轮的知识更新，审计教材的改革与完善也成为当务之急。

《审计学基础》是审计学专业的入门课程，也是会计、财务管理等经济管理类专业的必修课程之一。本书的编写体现以下特点：

1. 知识新。本书以新修订的《中华人民共和国审计法》、《中华人民共和国注册会计师法》为依据，按照《中华人民共和国国家审计准则》、《中国注册会计师执业准则》(2006 年颁布)、《中国内部审计准则》及审计相关法律法规的要求，在借鉴审计学科最新研究成果的基础上，结合作者多年的教学和实践经验编写。

2. 内容全。本书以注册会计师审计为主线，贯彻风险导向审计的理念，全面系统地介绍注册会计师审计、国家审计和内部审计的基本理论、基本知识和基本方法。

3. 注重基础知识讲解。本书注重审计基本知识的介绍，旨在为学生以后学习专业审计学打下基础。

本书由杜建菊、刘向东担任主编，杭文娟担任副主编，由杜建菊总纂。各章具体执笔人员为：第一章（杜建菊）、第二章（杭文娟、李婷）、第三章（刘向东、杜建菊）、第四章（杭文娟）、第五章（陈矜）、第六章（孙国萍、官银）、第七章（王德礼）、第八章（刘向东、杜建菊）、第九章（颜晓旭）、第十章（李昊）、第十一章（张敏）。

审计准则的全面颁布，涉及许多审计理念、审计规则的变化，对于这些变化的理解，我们或有不妥之处，恳请本书的使用者不吝赐教，以便我们及时更正。

21 世纪高等教育教材编审委员会

2011 年 3 月

目 录

CONTENTS

第十章 审计抽样

第十一章 审计报告

1 CHAPTER 第一章 审计学基础概论

第一节　审计的产生和发展

一、审计产生和发展的客观基础

（一）审计产生和发展的客观基础

审计是在财产所有权与经营管理权相分离以及多层次经营管理分权体制所形成的经济责任关系下，基于经济监督的需要而产生和发展起来的。

在生产发展的初级阶段，生产者自给自足，无需监督。随着生产的发展和财富的集中，财富的所有者无力直接管理和经营其所拥有的全部财产，就授权或委托他人代为管理和经营，形成了财产的所有者和经营管理者。一方面，财产的所有者为了保护其财产的安全完整并有所增值，需要了解其授权或委托的代理人是否尽职尽责地从事管理和经营，有无徇私舞弊及提供虚假财务报告等行为，这就为以监督检查为职责的审计诞生奠定了基础；另一方面，受托经营管理者亦想向财产所有者证明其管理水平和能力，以使更多财产所有者将财产交给其经营管理。基于双方的需要，产生了对受托经营管理者受托责任履行情况进行经济监督的需要。由于财产所有者自行监督受到相关法律法规、区域、业务复杂性及自身能力等多种限制，就产生了对财产所有者及受托经营管理者之外的第三者监督的需要，这种由财产所有者和受托经营管理者之外的第三者进行的监督就是我们所说的审计。国家审计和民间审计就是基于这种财产所有权与经营管理权分离的需要而产生的。随着经营管理规模的扩大，经营管理层次的增加，产生了上层经营管理者对下层经营管理受托责任履行情况监督的需要，内部审计便应运而生。

（二）审计三方关系人

审计的产生奠定了审计关系人理论。第一关系人，即审计主体（审计组织或人员），是审计行为的执行者；第二关系人，即审计客体（被审计单位），是审计行为的接受者，也是被审计资产的受托代管经营者；第三关系人，即

审计授权或委托人。任何一项审计行为均应具备三方面关系人，否则就不叫审计。三方关系如图 1－1 所示：

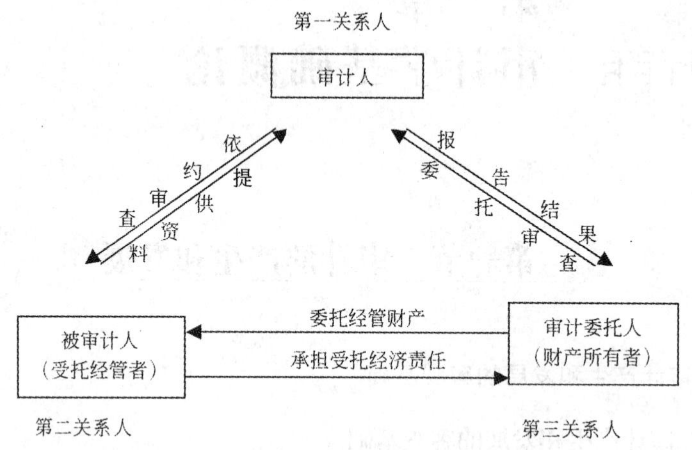

图 1－1　审计三方关系人

二、民间审计的产生与发展

（一）西方民间审计的产生与发展

1. 西方民间审计的起源

民间审计起源于意大利合伙企业制度。16 世纪意大利商业城市威尼斯出现了最早的合伙企业。在合伙企业中，有的合伙人不参与经营管理，客观上希望能有一个独立的第三者对合伙企业的经营情况进行监督与检查，于是产生了对民间审计的最初需要。1581 年，一批具有良好的会计知识、专门从事查账和公证工作的专业人员在威尼斯创立了威尼斯会计协会，成为世界上第一个会计职业团体。

2. 西方民间审计的形成

工业革命开始后的 18 世纪下半叶，资本主义生产力得到了迅速发展，生产的社会化程度大大提高，企业的所有权与经营权进一步分离。企业主们希望借助外部独立的专业人士来检查和监督他们所雇佣的管理人员，于是，英国出现了第一批以查账为职业的独立会计师。不过是否聘请独立会计师进行查账还是由企业来决定，所以这一时期的民间审计为任意审计。

股份有限公司的兴起使得企业的所有权与经营权进一步分离，大多数股东已完全脱离经营管理。股东及潜在的市场投资者非常关心企业的经营成果，以便做出是否继续持有或购买公司股票的决定。了解公司经营成果等方面的情况主要是依据会计报表来进行的。因此，在客观上进一步产生了由独立会计师对公司会计报表进行审计，以保证会计报表信息真实可靠的需求。1721年英国“南海公司事件”成为民间审计产生的“催产剂”。对“南海公司”进行审计的斯耐尔先生以“会计师”的名义提出了“查账报告书”，成为世界上第一位注册会计师，从而宣告了独立注册会计师的诞生。

1844年英国颁布《公司法》，规定股份公司的账目必须经董事以外的人员审计，极大地促进了独立审计的发展。1853年，世界上第一个民间的专业团体——苏格兰爱丁堡会计师协会成立，标志着民间审计职业的诞生。

3. 西方民间审计的发展

民间审计的发展经历了以下几个比较典型的历史阶段。

（1）1844年至20世纪初的英国的详细审计。其主要特点是：民间审计由任意审计转为法定审计；审计的目的是查错防弊，保护企业资产的安全和完整；审计的方法是对会计账目进行逐笔审计；审计报告使用人主要为企业股东等。其中详细审计的精华一直沿用至今。

（2）20世纪初到20世纪30年代初的美国的资产负债表审计。这一时期的显著变化是，全球经济发展重心由欧洲转向美国，民间审计发展的中心也由英国转向了美国。美国的资产负债表审计的主要特点是：审计对象由会计账目扩大到资产负债表；审计的主要目的是通过对资产负债表数据的审查判断企业的信用状况；审计方法从详细审计初步转向抽样审计；审计报告使用人除企业股东外，更突出了债权人。

（3）20世纪三四十年代的会计报表审计。1929—1933年，资本主义世界经历了历史上最严重的经济危机，从客观上促使企业利益相关者从只关心企业财务状况转变到更加关心企业盈利水平，于是产生了会计报表审计。其主要特点是：审计对象转为以资产负债表和收益表为中心的全部会计报表及相关财务资料；审计的主要目的是对会计报表发表审计意见，以确定会计报表的可信性，查错防弊转为次要目的；审计的范围已扩大到测试相关的内部控制，并广泛采用抽样审计；审计报告使用人扩大到股东、债权人、证券交易机构、税务和金融机构及潜在投资者；审计准则开始拟订，审计工作向标准化、规范化过渡；审计从业人员的民间资格考试制度广泛推行，从业人员的专业素质普遍提高。

（4）20世纪40年代以后的管理审计与国际审计。其特点是：审计竞争日益激烈，事务所之间的合并加剧，先后产生了“八大”国际会计师事务所，

后合并为“六大”、“五大”及当今的“四大”国际会计师事务所，它们分别是毕马威（Klynveld Peat Marwick Goerdele，KPMG）、安永（Ernst & Young，EY）、德勤（Deloitte Touche Tohmatsu，DTT）、普华永道（Price Waterhouse Coopers，PWC）；审计的技术不断发展，抽样审计方法和计算机辅助审计技术得到广泛采用，风险导向审计方法得到推广；注册会计师业务扩大到代理纳税、会计服务、管理咨询等领域。

（二）我国民间审计的产生与发展

1. 我国民间审计的产生

1915—1918 年间，随着民族工商业的兴起，产生了民间审计的需要，当时只能由外国来华的民间审计人员担任民间审计。

2. 我国民间审计的建立

1918 年 9 月 7 日，北洋政府农商部颁布了《会计师暂行章程》，标志着我国民间审计的建立。留日学生谢霖领取了我国第一号民间会计师执照，并在北京开创了中国第一家会计师事务所——正则会计师事务所。留日学生徐永祚和留美博士潘序伦分别于 1921 年和 1925 年在上海相继成立了会计师事务所。新中国成立后，民间审计在新中国经济恢复工作中发挥了积极作用，但后来由于推行前苏联高度集中的计划经济体制而一度悄然退出了经济舞台。

3. 我国民间审计的发展

改革开放后，随着我国对外开放政策的贯彻实施，民间审计得以恢复与发展，大致可分为两个阶段。

（1）恢复发展阶段。

1980 年，财政部发布《关于成立会计顾问处的暂行规定》，标志着注册会计师制度开始重建。1986 年 7 月《中华人民共和国会计师条例》颁布，确立了注册会计师的法律地位。1988 年底，注册会计师发展到 3 000 人，会计师事务所达 250 家，业务仍以外商投资企业审计为主。1988 年 11 月，中国注册会计师协会成立，注册会计师行业开始步入政府监督指导、行业协会自我管理的轨道。同期，注册审计师也从无到有发展起来。1986 年，全国共有审计师事务所 189 家，从业人员 1600 人；1990 年，审计师事务所达 2 322 家，注册审计师达 7 273 人；1993 年 11 月，中国注册审计师协会成立；1995 年，全国审计师事务所已达 3 828 家。

（2）规范发展阶段。

1993 年 10 月 31 日，《中华人民共和国民间法》颁布，并于 1994 年 1 月实施。1995 年 6 月，中国民间协会与中国注册审计师协会实现联合，开创了统一法律规范、统一执业标准、统一监督管理的行业发展新局面，为行业规范化发展奠定了良好的基础。

1995—2003 年，中国注册会计师协会先后制定了 6 批民间审计准则，包括 1 项准则序言、1 项基本准则、28 项具体准则、10 项审计实务公告、5 项执业规范指南和 3 项相关基本准则（职业道德基本准则、质量控制基本准则和后续教育基本准则），共计 48 项。

2005 年以来，为进一步完善我国民间审计准则体系，加速实现与国际准则的趋同，中国民间协会拟订了 22 项准则，对 26 项准则进行了必要的修订和完善，并于 2006 年 2 月 15 日由财政部发布，自 2007 年 1 月 1 日起在所有的会计师事务所实施。这标志着与国际趋同的中国民间执业规范体系的建立。

三、国家审计的产生与发展

（一）我国国家审计的产生与发展

1. 古代审计（公元前 11 世纪至 1840 年）

（1）我国的国家审计产生于西周时代，其主要标志是“宰夫”（周代官厅审计的主持者）一职的出现。

（2）我国的国家审计发展于秦、汉、隋、唐、宋。

秦汉时期，审计与会计由合一而渐次分离，审计走向独立的阶段。秦代实行御史制度，国家设御史大夫直接辅佐皇帝，行使对国家政治和财政的监督工作；汉承秦制，仍由御史大夫兼上计之职，行使监察大权。

隋、唐两代，在刑部下设“比部”进行审计 ，比即考核审查的意思。

南宋时，设“审计院”，从此，“审计”一词不仅成为我国审计机构的命名，而且成了我国财政财务监督的专用名词。

（3）我国国家审计的中衰时期是元、明、清。

元朝，取消了比部，户部行使审核会计报告权。明、清时，比部职权虚有其名，另设六科、十三（十五）道监察御史，构成独立的监察系统，即所谓的科道制度。由于科道行使的职权并非专门的审计职权，审计工作从而出现了倒退。

2. 近代审计（1840 年至 1949 年）

辛亥革命结束了清王朝统治，成立了中华民国，于 1912 年在国务院下设审计处，1914 年北洋政府改为审计院，同年颁布了《审计法》。国民党政府 1928 年颁布了《审计法》和实施细则，次年颁布了《审计组织法》，并设有审计、协审、稽察等职称。中华人民共和国成立前，共产党领导下的革命组织和革命根据地工农政权也实行了审计制度。

3. 现代审计（1949 年以后）

新中国成立初期，全面学习苏联的经验，会计检查取代了审计，国家未

设独立的审计机构。

1982 年 12 月，第五届全国人民代表大会第五次会议通过了《中华人民共和国宪法》，规定在我国各级政府设审计机构，实施审计监督制度。1983 年 9 月，在国务院设审计署，县以上的各级人民政府也相继成立了审计厅（局），独立行使审计监督权。1984 年 12 月 17 日，中国审计学会成立。1988 年 12 月，国务院发布《中华人民共和国审计条例》。1994 年，八届全国人大常委会第九次会议通过了《中华人民共和国审计法》，对审计监督的基本原则、法律责任等做了全面规定。2006 年 2 月，颁布了《中华人民共和国审计法》（2006 年修正），对原《中华人民共和国审计法》作了大量修订，自 2006 年 6 月 1 日起施行。

（二）西方国家审计的产生与发展

早在奴隶制度下的古埃及、古罗马和古希腊时代，就有了官厅审计的事实。

在现代资本主义的国家中，大多是立法、行政、司法三权分立的国家政权组织形式，议会为国家的最高立法机关，并对政府行使包括财政监督在内的监督权。多数国家在议会下设有专门的审计机构，进行审计监督。如美国的审计总局、英国的审计署等。除立法型体制外，还有司法型审计体制、行政型审计体制。

四、内部审计的发展

（一）我国内部审计的发展

我国早期的皇室审计、寺院审计均属于内部审计的范畴。

新中国成立初期，部分大型专业公司和厂矿曾设有内部审计部门，但 1953 年学习苏联取消了内部审计。

1983 年 9 月，审计署成立，首次提出：对下属单位实行集中统一领导或下属单位较多的主管部门，以及大中型企业事业组织，可根据工作需要建立内部审计机构，或配备审计人员，实行内部监督。1985 年，《国务院关于审计工作的暂行规定》第十条明确规定：县以上政府部门应当设立内部审计机构或审计人员，内部审计机构由本部门主要负责人领导，任务是负责所属单位和本行业的财务收支及经济效益的审计。1987 年 7 月，《国务院办公厅转发审计署关于加强内部审计工作报告的通知》强调了内部审计。1988 年 11 月，国务院发布《中华人民共和国审计条例》，其中第六章对内部审计作了较全面的规定。1989 年，审计署发布了我国第一个关于内部审计的部门规章——《审计署关于内部审计工作的规定》。1994 年，《审计法》规定：国务院各部门和地方人民政府各部门、国有的金融机构和企业、事业组织，应当按国家有关规定建立健全内部审计制度。1995 年 7 月，审计署发布了《审计署关于内部审计工作的规定》，对内部审计定义、机构设置、职责、权限、审计任务、工作程序、职业道德及审计机关对内部审计的指导、监督职责等做了全面具体的规定。2003 年 5 月 1 日，审计署颁布了《审计署关于内部审计工作的规定》（审计署 4 号令），同时出台第一批内部审计准则

（二）西方内部审计的发展

古代西方的庄园审计、宫廷审计、行会审计、寺院审计与外部审计并无区别。20 世纪后，其内部审计才发展起来。

第二节　审计的定义与属性

一、审计的定义

审计作为一种监督机制，其实践活动历史悠久，但理论界对审计的定义却众说纷纭。

美国会计学会在 1973 年公布的《基本审计概念公告》中，将审计定义为："审计是一种客观地获取和评价与经济活动和经济事项的认定有关的证据，以确认这些认定与既定标准之间的符合程度，并把审计结果传达给有利害关系的用户的系统过程。"这是目前对审计概念的研究中最具代表性的一种。

《中国注册会计师审计准则第 1101 号——财务报表审计的目标和一般原则》将审计概念描述为："财务报表审计的目标是注册会计师通过执行审计工作，对财务报表的下列方面发表审计意见：（一）财务报表是否按照适用的会计准则和相关会计制度的规定编制；（二）财务报表是否在所有重大方面公允反映被审计单位的财务状况、经营成果和现金流量。"

《中华人民共和国审计法实施条例》第二条将审计概念描述为："审计是审计机关依法独立检查被审计单位的会计凭证、会计账簿、会计报表以及其他与财政收支、财务收支有关的资料和资产，监督财政收支、财务收支真实、合法和效益的行为。"

《中国内部审计基本准则》将审计概念描述为："内部审计是指组织内部的一种独立客观的监督和评价活动，它通过审查和评价经营活动及内部控制的适当性、合法性和有效性来促进组织目标的实现。"

本书将审计定义为：审计是一种独立性的经济监督活动，是由专职机构和人员，对被审计单位经济活动的合规性、合法性和效益性，以及反映经济活动的经济资料的真实性、公允性进行独立审查、评价和鉴证的经济监督活动。

二、审计的属性与特征

（一）审计的属性

审计是一种被授权或被委托的独立性经济监督活动，具有如下属性。

1. 审计是一种经济监督活动，经济监督是其基本职能，但并非与生俱来，是授权人或委托人经济监督权力的暂时转移。

2. 审计监督具有独立性是审计的本质特征，它由审计无权性决定，具体包括：

（1）机构独立，即审计机构独立于被审单位之外。

（2）人员独立，包括形式独立和实质独立。形式独立，即与被审单位不存在任何利害关系；实质独立，即审计人员应保持客观公正的立场。

（3）经济独立，即经费来源有一定的法律法规作保证，不受被审计单位制约。

决定审计独立性的主要因素是审计三方关系人之间的相互关系，即审计者与被审计者的关系、委托者或授权者与审计者的关系。一般地说，审计者只独立于被审计者，称为“单向独立”；审计者既独立于被审计者，又独立于委托者，称为“双向独立”。

3. 审计需通过授权或委托才能进行。未经授权或委托，一般不得行使审计监督。审计授权分为固定授权（国家审计、内部审计）和临时授权（民间审计）两种。

（二）审计的特征

与其他经济监督（计划、统计、财务、会计、财政、税务、银行、海关、工商行政）相比，审计具有独立性、权威性（依法成立、依法行使监督权、审计结论具有法律效力）、公证性和综合性的特征。

第三节　审计的对象、职能与作用

一、审计的对象

审计对象是指审计监督的客体，是审计监督范围和内容的概括。所谓审计监督的范围，就是指被审计单位；审计监督的内容，即被审计单位财政财务收支及其经营管理活动。

审计对象可以概括地表述为：被审计单位的财政财务收支及其经营管理活动，以及反映这些经济活动的会计资料和其他经济资料。

二、审计的职能

审计职能是指审计本身所固有的功能。一般而言，审计具有以下三项职能：

1. 经济监督。即监察和督促被审计单位的经济活动在规定的范围内、在正常的轨道上运行，同时揭露违法违纪、损失浪费、错误弊端、管理缺陷，并追究经济责任。

2. 经济评价。即对被审计单位的经济活动及其经济资料进行审查，并分析、判断，肯定成绩，指出问题，寻求改善管理、提高效益的途径。

3. 经济鉴证。即对被审计单位的经济活动及其经济资料进行鉴定，并出具书面证明，为审计授权人或委托人提供确切信息，并取信于社会公众。

三、审计的作用

审计作用是指运用审计职能产生的效果。一般而言，审计具有以下两方面作用：

1. 制约作用。也称防护作用，它是指审计通过揭露、制止和处罚等手段，制约经济活动中各种消极因素，以有助于经济责任的正确履行和社会经济的健康发展。

2. 促进作用。也称建设作用，它是指审计通过调查、评价和提出建议等手段，促进和服务于经济管理，以有助于经济管理水平和效益的提高。

第四节　审计的分类

审计按不同标志，可划分为若干种类。通常有基本分类和其他分类两种。

一、审计的基本分类

（一）按审计主体划分为民间审计、国家审计和内部审计

1. 民间审计，又称注册会计师审计或社会审计，是由经政府有关部门审核批准的注册会计师组成的会计师事务所进行的审计。

2. 国家审计，又称政府审计，是由国家审计机关代表政府依法进行的审

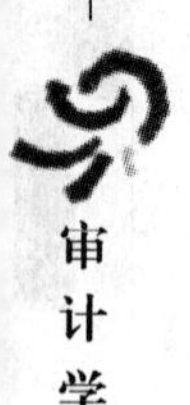

计。国家审计主要监督检查各级政府及其部门的财政收支及公共资金的收支、运用情况。

3. 内部审计，是由各部门、各单位内部设置的专门机构或专门人员实施的审计。内部审计主要监督检查本部门、本单位经营活动及内部控制。

国家审计、民间审计和内部审计共同构成审计监督体系。国家审计体现了较强的单向独立；内部审计独立性较弱；民间审计则体现了双向独立，即既独立于委托人，又独立于被审计单位，因此在业务上具有较强的独立性、客观公正性，并且为社会公众所认可。

（二）民间审计、国家审计和内部审计的关系

民间审计、国家审计和内部审计既相互联系，又各自独立、各司其职，三者之间相互配合，分工协作，不存在主导和从属的关系。

1. 民间审计与国家审计的区别

（1）审计目标不同。国家审计是对被审计单位的财政收支或者财务收支的真实、合法和效益依法进行的审计；民间审计是注册会计师对财务报表是否按照适用的会计准则和相关会计制度的规定编制进行的审计。

（2）审计标准不同。国家审计是审计机关依据《中华人民共和国审计法》和国家审计准则等进行的审计；民间审计是注册会计师依据《中华人民共和国注册会计师法》和中国注册会计师审计准则进行的审计。

（3）经费或收入来源不同。国家审计履行职责所必需的经费应当列入财政预算，由本级人民政府予以保证；民间审计的审计收入来源于审计客户，由注册会计师和审计客户协商确定。

（4）取证权限不同。审计机关有权就审计事项的有关问题向有关单位和个人进行调查，相关单位应当支持、协助审计机关工作，如实反映情况，提供证明材料；而民间审计在获取证据时很大程度上有赖于被审计单位及相关单位的配合和协助，对其无行政强制力。

（5）对发现问题的处理方式不同。审计机关审定审计报告，对审计事项作出评价，出具审计意见书；对违反国家规定的财政财务收支行为，需要依法给予处理处罚的，在法定职权范围内作出审计决定或向有关主管机关提出处理、处罚意见。而民间对审计过程中发现需要调整和披露的事项，只能提请被审计单位调整和披露，无行政强制力；若被审计单位拒绝，民间视情况出具审计报告。

2. 民间审计与内部审计的区别

（1）审计目标不同。内部审计主要是对内部控制的有效性、财务信息的真实性和完整性以及经营活动的效率和效果进行评价；民间审计主要是对财务报表的合法性和公允性发表意见。

（2）独立性不同。内部审计为组织内部服务，接受总经理或董事会领导，独立性较弱；民间审计为需要可靠信息的第三者服务，不受被审计单位管理层的领导和制约，独立性较强。

（3）接受审计的自愿程度不同。内部审计代表总经理或董事会实施组织内部监督，单位内部的组织必须接受；民间审计是以独立的第三方对被审计单位进行审计，委托人可自由选择事务所。

（4）遵循的审计标准不同。内部审计遵循内部审计有关规定和内部审计准则；民间审计遵循中国注册会计师执业准则的相关规定。

（5）审计的时间不同。内部审计通常对单位内部组织采用定期或不定期的审计，时间安排比较灵活；而民间审计通常是定期审计，每年对被审计单位的会计报表审计一次。

（三）按审计内容和目的划分为财务报表审计、合规审计和经营审计

1. 财务报表审计，是指注册会计师通过执行审计工作，对财务报表是否按照规定的标准编制发表意见。规定的标准通常指企业会计准则和相关会计制度。按计税基础、收付实现制基础或监管机构的报告要求编制的财务报表也属于财务报表审计。财务报表通常包括资产负债表、利润表、现金流量表、所有者权益变动表及财务报表附注。

2. 合规审计，是指确定被审计单位是否遵循了特定的程序、规则或条例。

3. 经营审计，是指为了评价被审计单位经营活动的效率和效果而对其经营程序和方法进行的评价。

（四）财务报表审计、合规审计和经营审计的比较

1. 认定性质比较

（1）财务报表审计，针对企业个体的财务报表。

（2）合规审计，针对认定资料是否遵照政策、法令、法律、规定及规章等。

（3）经营审计，针对活动或执行的资料。

2. 既定标准比较

（1）财务报表审计，适用会计准则和相关会计制度。

（2）合规审计，适用管理层的政策、法律、规定或第三者的要求 。

（3）经营审计，适用管理层或法令设立的目标。

3. 审计报告的性质比较

（1）财务报表审计，对财务报表是否合法公允发表意见。

（2）合规审计，对所发现偏差进行汇总，对合规程度作出保证。

(3) 经营审计，提出观察到的效率或效果、改进的建议。

二、审计的其他分类

(一) 按审计范围分类

1. 全面审计，即对经济活动及其资料进行全面审计（详细审计，对某个活动或某几个活动及其资料进行审计）。

2. 局部审计，即对某些方法及其资料进行部分的、有目的、有重点的审计。

3. 专项审计，又称专题审计，即对某一特定项目进行审计。

(二) 按审计实施时间分类

1. 事前审计，其主要目的是加强预算、计划、预测和决策的准确性、合理性和可行性（预防性审计）。

2. 事中审计，其目的在于及时发现并纠正偏差，保证经济活动的合法性、合理性和有效性。

3. 事后审计，其适用范围十分广泛，主要是进行合法性、合规性、公允性和正确性审计。国家审计、民间审计大多实施事后审计，内部审计也经常进行事后审计。

(三) 按审计执行地点分类

1. 报送审计，主要适用于国家审计机关对规模较小的单位执行财务审计。

2. 就地审计，即审计机构委派审计人员到被审单位所在地进行审计。

(四) 按审计动机分类

1. 强制审计。

2. 任意审计。

第五节　审计模式

审计模式是审计导向性的目的、范围和方法等要素的组合，它规定审计应从何处着手、如何着手以及何时着手等。随着社会经济的发展，审计目的和被审计单位的具体情况不断变化，因而审计模式也在不断发展。审计模式按审计工作着手点可分为三类。

一、账项导向审计模式

账项导向审计模式是最初始的审计方法体系，主要着眼于查错防弊，从审计期间会计事项所依据的相关凭证、账簿、报表为着手点，验算其记账金额，核对账证、账账、账表，审查它们之间能否勾稽相符的一种审计模式。

账项导向审计是审计模式发展的第一阶段，是审计开创时期采用的审计入手方法，在审计方法史上占有十分重要的地位，至今仍未消亡，继续发挥着重要作用。账项导向审计模式适用于经济业务不很复杂的小规模企业。

账项导向审计的做法随会计账簿体系和核算程序的不同而有所不同，在我国审计实践中，该模式的运用有以下三种做法：

（一）顺查法

顺查法，又称正查法，是指按照同会计核算程序完全相同的方向依次进行审计的方法。基本步骤是：

1. 审阅和分析原始凭证，目的是查明反映经济业务的原始凭证是否真实可靠；

2. 审阅记账凭证并与原始凭证相核对，目的是验证记账凭证是否正确及与原始凭证是否相符；

3. 审阅明细账、日记账并与记账凭证（或原始凭证）相核对，目的是查明明细账、日记账记录是否正确以及与凭证内容是否相符；

4. 审阅总账并与相关明细账、日记账余额相核对，目的是查明总账记录是否正确以及与明细账、日记账是否相符；

5. 审阅和分析会计报表，并与总账和有关明细账相核对，目的是查明会计报表编制是否合法正确以及与账簿记录是否相符；

6. 根据会计记录抽查盘点实物和核对债权债务，目的是验证债项是否正确、财产是否完整。

顺查法的优点是审查仔细全面，审计结论较为准确；缺点是费时、费力，成本高、效率低。

（二）逆查法

逆查法，亦称例查法或溯源法，是指按照与会计核算程序完全相反的方向依次进行审计的方法。基本步骤是：

1. 审阅和分析会计报表，目的是确定会计报表的正确性，判断哪些方面可能存在问题及进一步审计的重点；

2. 依据会计报表分析所确定的重点审查项目，检查总账和相关的明细账、日记账，目的是从账项记录上查明问题的来龙去脉；

3. 审阅和分析总账并与明细账、日记账相核对，目的是发现总账中可能存在的问题，并通过明细分类账和日记账进行验证；

4. 审阅和分析明细账、日记账并与记账凭证（或原始凭证）相核对，目的是发现可能存在于明细账、日记账中的问题，并通过记账凭证（或原始凭

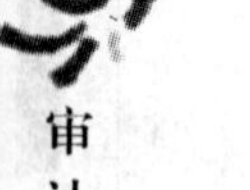

证）进行验证；

5. 审阅和分析记账凭证并与原始凭证核对，目的是发现记账凭证中存在的问题，并通过原始凭证进行验证。

6. 审阅和分析原始凭证，并抽查有关财产物资及债权债务，目的是确定被审计事项的真相。

逆查法的优点缺点与顺查法正好相反。

（三）顺查逆查交叉使用

基本步骤是：

1. 取得各个账项的明细表；

2. 将上述明细表与总账和明细账核对；

3. 顺向核对会计报表，逆向核对记账凭证和原始凭证。

二、制度导向审计模式

制度导向审计，是以内部控制制度评审为导向所进行的审计，其程序设置的切入点是被审计单位的内部控制制度，通过对内部控制制度的调查、测试和评价，来确定实质性测试的性质、时间和范围，最终实现检查会计账表的目的。基本步骤是：

1. 了解内部控制。了解被审计单位内部控制的设计及其是否得到执行。

2. 控制测试。控制测试是对被审计单位设计合理及得到执行的内部控制运行的有效性进行测试，并以此确定实质性程序的性质、时间和范围。

3. 实质性程序。实质性测试是在了解及测试被审计单位内部控制的基础上，对数据资料是否不存在重大错报进行审查，以实现审计目标。

制度导向审计模式最大的优点在于注重剖析产生财务报表结果的每个过程，从而提高了审计的质量和效率，降低了审计风险。制度导向审计的出现，突破了账项导向审计的框架，采用了全新的思路与措施，是现代审计发展和成熟的标志。

三、风险导向审计模式

风险导向审计，是在分析研究审计风险的基础上进行的审计，这种模式将风险因素的评价与控制作为审计工作的切入点，并引入风险分析方法，统筹使用各种测试手段，综合各种审计证据，以形成合理审计意见，实现审计目标。

风险导向审计始于 20 世纪 80 年代，是审计模式发展的最新形式，在西方已被许多会计师事务所运用。然而，由于它出现较晚，即便是在国外也不成熟，并没有一个统一的程序。根据我国民间审计准则的相关规定，其基本步骤包括：

1. 了解被审计单位及其环境；
2. 识别和评估重大错报风险；
3. 应对重大错报风险的程序。

复习思考题

1. 如何理解审计本质？
2. 民间审计的发展经历了哪几个典型的历史阶段？各阶段主要特点如何？
3. 何为审计对象？审计职能和作用各有哪些？
4. 内部审计与民间审计主要区别有哪些？
5. 按审计的内容和目的不同，审计可分为哪几类？比较各类的不同。
6. 何为风险导向审计？它与账项导向审计和制度导向审计的根本区别是什么？

2 CHAPTER 第二章 审计组织和审计人员

审计组织和人员是审计主体，指有权利或有资格行使审计职能、开展审计工作的组织和人员。根据《中华人民共和国审计法》（2006 年修正）、《中华人民共和国注册会计师法》（简称《注册会计师法》）及《审计署关于内部审计工作的规定》（审计署 4 号令）的规定，我国的审计组织和人员包括民间审计组织及其人员、国家审计机关及其人员和内部审计机构及其人员。

第一节 民间审计组织及其人员

不同国家的民间审计组织的名称各不相同，有会计公司、会计师事务所、审计师事务所等，本书统称为会计师事务所。会计师事务所是指国家依法批准设立，独立承办注册会计师业务，实行自收自支、独立核算、依法纳税的社会中介机构。民间审计人员主要是指取得注册会计师资格并在会计师事务所执业的人员，即注册会计师。

一、会计师事务所的组织形式

（一）国外会计师事务所的组织形式

1. 独资会计师事务所

独资会计师事务所由具有注册会计师执业资格的个人独立开设，承担无限责任。它的优点是对执业人员的需求不多，容易设立，执业灵活，能够在代理记账、代理纳税等方面很好地满足中小企业对注册会计师服务的需求，虽然承担无限责任，但实际发生风险的程度相对较低。它的缺点是无力承担大型业务，缺乏发展后劲。

2. 普通合伙制会计师事务所

普通合伙制会计师事务所是由两个或两个以上注册会计师组成的合伙组织，合伙人以各自的财产对事务所债务承担无限连带责任。它的优点是在风险牵制和共同利益的驱动下，促使事务所强化专业发展，扩大规模，提高规避风险的能力。它的缺点是建立一个跨地区、跨国界的大型会计师事务所要经过漫长的过程，其中任何一个合伙人在执业中发生错弊行为都会给整个会计师事务所带来灭顶之灾，使之一日之间土崩瓦解。

3. 有限责任制会计师事务所

有限责任制会计师事务所由注册会计师认购会计师事务所股份，并以其认购的股份对会计师事务所承担有限责任，会计师事务所以其全部资产对其债务承担有限责任。它的优点是可以通过股份制形式迅速聚集一批注册会计师，组成大型所，承办大型业务。它的缺点是降低了风险责任对从业人员行为的高度制约，弱化了注册会计师的个人责任。

4. 有限责任合伙制会计师事务所

有限责任合伙制会计师事务所是为顺应经济发展对注册会计师行业的要求兴起的，它的最大特点在于既融入了合伙制和有限责任公司制会计师事务所的优点，又摈弃了它们的不足。它与普通合伙制的区别在于：无过失的合伙人对其他合伙人的过失或不当执业行为不承担无限连带责任。它与有限责任制的区别在于：对会计师事务所的债务以其全部财产承担责任，全部财产不足以承担的部分，由对债务的发生负有直接责任的合伙人以其个人财产承担责任。

（二）我国会计师事务所的组织形式

根据《注册会计师法》的规定，我国只准设立合伙会计师事务所和有限责任会计师事务所两种类型。

1. 合伙会计师事务所

合伙会计师事务所由合伙人按出资比例或协议约定以各自的财产对其债务承担责任，合伙人对会计师事务所的债务承担无限连带责任。

设立合伙会计师事务所必须符合下列条件：

（1）有2名以上符合规定的注册会计师为合伙人，由合伙人聘用一定数量的符合规定条件的注册会计师和其他专业人员参加会计师事务所工作。

（2）有固定的办公场所和必要的设施。

（3）有能够满足执业和其他业务工作所需要的资金。

申请成为会计师事务所合伙人的注册会计师必须符合下列条件：

（1）必须是中华人民共和国公民。

（2）持有中华人民共和国注册会计师有效证书，有五年以上在会计师事务所从事独立审计业务的经验和良好的道德记录。

（3）不在其他单位从事谋取工资收入的工作。

（4）至申请日止在申请注册地连续居住一年以上。

由于合伙会计师事务所对外承担无限责任，所以，财政部颁布的《合伙

会计师事务所设立及审批试行办法》规定：合伙会计师事务所应当建立风险基金，或向保险机构投保职业保险。建立风险基金的，每年提取的基金数应当不少于企业业务收入的10%。合伙会计师事务所的收入，扣除各项费用，按合伙人应分配额缴纳所得税后，提取不低于30%作为共同基金，其余部分由合伙人按照协议进行分配。共同基金属于合伙人权益。

2. 有限责任会计师事务所

有限责任会计师事务所以其全部资产对其债务承担责任，出资人承担的责任以其出资额为限。

设立有限责任会计师事务所必须符合下列条件：

（1）不少于人民币30万元的注册资本。

（2）有10名以上在国家规定的职龄以内的专职从业人员，其中至少有5名注册会计师。

（3）有5名以上符合规定条件的发起人。

（4）有固定的办公场所。

（5）审批机关规定的其他条件。

按国际惯例，会计师事务所的执业登记由注册会计师行业主管机构统一负责。会计师事务所必须经过行业主管机关或注册会计师协会批准登记并由注册会计师协会予以公告。我国会计师事务所是向所在地注册会计师协会提出申请，由所在地财政机关批准成立。

二、会计师事务所的业务范围

根据《注册会计师法》规定，我国注册会计师业务范围包括审计业务、会计咨询和会计服务业务。

根据《中国注册会计师执业准则》规定，我国注册会计师业务范围包括鉴证业务和相关服务业务。

（一）鉴证业务

鉴证业务是指注册会计师对鉴证对象信息提出结论，以增强除责任方之外预期使用者对鉴证对象信息信任程度的业务。鉴证业务包括审计业务、审阅业务和其他鉴证业务。

1. 审计业务

它是指注册会计师接受委托，对企业、其他经济组织或个人的历史财务信息所进行的审计业务。注册会计师在提供审计服务时，对所审计信息是否不存在重大错报提供合理保证，并以积极方式提出结论。

按《注册会计师法》的规定，审计业务包括：

（1）审查企业会计报表，出具审计报告。会计报表法定审计的范围包括上市公司的年度会计报表、国有企业的年度会计报表以及各类公司的年度会计报表。

（2）验证企业资本，出具验资报告。

（3）办理企业合并、分立、清算事宜中的审计业务，出具有关的报告。

（4）办理法律、行政法规规定的其他审计业务，出具相应的审计报告。

（5）特殊目的审计业务。

在实际工作中，注册会计师还可根据国家法律、行政法规的规定接受委托，对以下特殊目的的业务进行审计：（1）按照特殊编制基础编制的财务报表；（2）财务报表的组成部分，包括财务报表特定项目、特定账户或特定账户的特定内容；（3）合同遵循情况；（4）简要财务报表。办理这些业务需要注册会计师具备和运用相关的专门知识，注意处理问题的特殊性。执行特殊目的审计业务出具的审计报告也具有法定证明效力，注册会计师及其所在的会计师事务所对此也应承担相应的法律责任。

2. 审阅业务

它是指注册会计师接受委托，对企业、其他经济组织或个人的历史财务信息所进行的审阅业务。注册会计师在提供审阅服务时，对所审计信息是否不存在重大错报提供有限保证，并以消极方式提出结论。

3. 其他鉴证业务

它是指注册会计师接受委托，对企业、其他经济组织或个人的历史财务信息审计或审阅以外的其他鉴证业务。注册会计师在提供其他鉴证服务时，要根据鉴证业务性质和业务约定书的要求，提供有限保证或合理保证。如预测性财务信息审核、内部控制审核、风险管理鉴证、网域认证和系统鉴证等。

（二）相关服务业务

相关服务业务是指注册会计师受委托对企业、其他经济组织或个人的财务信息执行商定程序、代编财务报表业务以及其他会计咨询和会计服务业务。注册会计师在提供相关服务时，不提供任何程度的保证。

1. 对财务信息执行商定程序

它是指注册会计师对特定财务数据、单一财务报表或整套财务报表等财务信息执行与特定主体商定的具有审计性质的程序，并就执行的商定程序及其结果出具报告。

注册会计师执行商定程序业务，仅报告执行的商定程序及其结果，并不提出鉴证结论。报告使用者自行对注册会计师执行的商定程序及其结果作出评价，并根据注册会计师的工作得出自己的结论。

2. 代编财务报表业务

它是指注册会计师运用会计而非审计的专业知识和技能，代客户编制一套完整或非完整的财务报表，或代为收集、分类和汇总其他财务信息。

注册会计师执行代编业务使用的程序并不旨在、也不能对财务信息提出任何鉴证结论。

3. 税务服务

税务服务包括税务代理和税务筹划。税务代理是指注册会计师接受企业或个人委托，为其填制纳税报表，办理纳税事项。税务筹划是指由于纳税义务发生范围和时间不同，注册会计师从客户利益出发，代替纳税义务设计可替代或不同结果的纳税方案，其始于所得税的纳税筹划，现已扩展到财产税、遗产税等诸多税种。

4. 管理咨询

管理咨询主要包括对公司的治理结构、信息系统、预算管理、人力资源管理、经营效率、效果和效益等提供诊断及专业意见与建议。

5. 会计服务

会计服务是指注册会计师提供的会计咨询和会计服务业务，包括对会计政策的选择和运用提供建议、担任常年会计顾问等。

三、注册会计师行业监管体制

（一）国外注册会计师行业监管体制

纵观世界各国注册会计师行业监管体制，按照政府介入的程度不同，基本上可分为行业自律型和政府干预型两类。

行业自律型管理体制是指政府在注册会计师行业管理中较少发挥作用，主要依靠民间职业团体对注册会计师行业进行管理。采取行业自律型体制的主要是英国、美国、加拿大、澳大利亚等英美法系的国家。

政府干预型管理体制是指在充分发挥注册会计师行业自我管理的基础上，由政府进行较大范围和程度的干预。采取政府干预型体制的主要是法国、德国、日本等大陆法系的国家。

在“安然”事件后，国际上两大注册会计师行业管理模式出现一种融合的趋势，自律型的政府作用在加强，干预型的协会作用也在加强。如美国的《萨班斯法案》。

（二）我国注册会计师行业监管体制

我国现行的注册会计师行业监管体制，是一种以政府干预型为主、行业自律为辅的管理体制。

1. 政府监管部门及其监管的内容

根据有关法律规定，有权参与注册会计师行业管理的政府部门有财政部门、审计部门、证监会、工商行政管理部门、税务部门等。

上述政府相关部门根据有关法律、法规规定，在各自范围内依法对注册会计师行业实施监管。

2. 注册会计师协会及其行业自律内容

注册会计师协会是注册会计师组成的社会团体，中国注册会计师协会是注册会计师的全国组织，于1988年11月在北京成立。

中国注册会计师协会根据《注册会计师法》等有关法规及《中国注册会计师协会章程》的规定，对注册会计师行业实行统一的行业自律管理。

四、国际会计师联合会

国际会计师联合会（International Federation of Accountants，简称IFAC）于1977年10月7日在德国慕尼黑由49个国家的63个会计职业组织共同发起成立，目前会员已发展到80多个国家的120多个会计职业组织，该组织在瑞士日内瓦注册，实际行政总部设在美国纽约。1997年5月8日，国际会计师联合会全票通过，接纳中国注册会计师协会为正式会员。

国际会计师联合会的宗旨是：在国际间开展合作的协调，谋求在技术上、道德上和教育上提高水平，促使会计师资格的互相承认，在世界范围内发展和繁荣社会职业。

截至目前，国际会计师联合会颁布了39项国际审计准则及其他若干重要的指南文件，为各国注册会计师职业在审计实务中的相互协调及各国社会审计的发展起到了积极的推动作用。

五、我国的注册会计师资格确认制度

注册会计师（Certified Public Accountant，简称CPA）是指依法取得注册会计师证书，并接受委托从事审计业务、会计咨询和会计服务业务的执业人员。

（一）考试制度

具有下列条件之一的中国公民，可报名参加考试：

1. 高等专科以上学历；

2. 会计或者审计、统计、经济相关专业中级以上专业技术职称；

3. 具有会计或者审计、统计、经济相关专业高级技术职称的人员可以免予部分科目的考试。

考试科目为会计、审计、财务成本管理、经济法、税法五门，考试周期五年。

（二）注册制度

根据《注册会计师法》的规定，参加注册会计师全国统一考试成绩合格，并从事审计业务工作两年以上的，可以向省级注册会计师协会申请注册。

（三）年检制度

凡经过批准注册的中国注册会计师，均应接受注册会计师协会的年度检验，未能通过年检的注册会计师，撤销其注册。

第二节　国家审计机关及其人员

一、国家审计机关的设置

（一）国家审计机关设置的基本模式

国家审计机关是代表国家行使审计监督权的机关。目前，世界上许多国家和地区都建立了适合本国国情的国家审计机关，综观这些国家和地区国家审计机关设置的基本模式，主要可分为以下几种类型：

1. 立法型。立法型的国家最高审计机关隶属于立法部门，依照国家法律赋予的权力行使审计监督权。一般直接对议会负责，并向议会报告工作。如美国、加拿大等国。

2. 司法型。司法型的国家最高审计机关隶属于司法部门，拥有很强的司法权。如意大利、法国的国家审计机关有一定的审判权。

3. 行政型。行政型的国家最高审计机关隶属于政府部门，它是政府行政部门中的一个职能部门，根据国家赋予的权限，对政府所属各级、各部门、各单位的财政财务收支活动进行审计。如沙特阿拉伯、中国。

4. 独立型。即国家最高审计机关介于立法、司法及行政部门之间。如日本会计检查院既不属于议会，对内阁也具有独立的地位。

（二）我国国家审计机关的设置

我国国家审计机关的设置属于行政型模式。根据《宪法》及《审计法》（2006 年修正）的规定，我国国家审计机关的设置分为中央和地方两级。

中央一级的国家审计机关设在国务院，称为中华人民共和国审计署，简称国家审计署或审计署，接受国务院总理领导，对国务院负责并报告工作。审计署是我国的最高审计机关。

地方一级的国家审计机关设在县级以上的地方各级政府，称审计厅

(局)，接受本级人民政府和上一级审计机关的双重领导，对本级人民政府和上一级审计机关负责并报告工作，在审计业务上以上一级审计机关的领导为主。

另外，根据《审计法》规定，审计机关根据工作需要，经本级人民政府批准，可以在其审计管辖范围内设立派出机构。派出机构根据审计机关的授权，依法进行审计工作。

二、我国国家审计机关的职责与权限

(一) 国家审计机关的职责

根据《审计法》规定，我国国家审计机关的职责如下：

1. 审计机关对本级各部门（含直属单位）和下级政府预算的执行情况和决算以及其他财政收支情况进行审计监督。

2. 审计署在国务院总理领导下，对中央预算执行情况和其他财政收支情况进行审计监督，向国务院总理提出审计结果报告。

地方各级审计机关分别在省长、自治区主席、市长、州长、县长、区长和上一级审计机关的领导下，对本级预算执行情况和其他财政收支情况进行审计监督，向本级人民政府和上一级审计机关提出审计结果报告。

3. 审计署对中央银行的财务收支进行审计监督。

审计机关对国有金融机构的资产、负债、损益进行审计监督 。

国有金融机构指国家政策性银行（含各级分支机构)、国有商业银行（含各级分支机构、所属全资及控股公司)、国有全资及控股的保险业、信托业、证券业等非银行金融机构（含各级分支机构)。

4. 审计机关对国家的事业组织和使用财政资金的其他事业组织的财务收支进行审计监督。

国家的事业组织指由国家创办的，不直接从事物质资料生产，以改善社会生产和人民生活动条件，增进人民物质文化生活，发展科学和文化教育、医药卫生和福利救济事业为目的的非营利组织。

使用财政资金的其他事业组织指由国家举办或者利用国有资产举办的，从事教育、科技、文化、卫生等活动的社会服务组织。

5. 审计机关对国有企业的资产、负债、损益进行审计监督。

6. 对国有资本占控股地位或者主导地位的企业、金融机构的审计监督，由国务院规定。

国有资本占控股地位或者主导地位的企业指国有资本占企业资本总额的50%以上的企业，或虽不足50%但国有资产投资者实质上拥有控制权的企业。

7. 审计机关对政府投资和以政府投资为主的建设项目的预算执行情况和决算进行审计监督。

8. 审计机关对政府部门管理的和其他单位受政府委托管理的社会保障基金、社会捐赠资金以及其他有关基金、资金的财务收支进行审计监督。

目前社会保障基金的来源主要是城镇企业职工基本养老、医疗和失业保险基金。

社会捐赠资金是社会成员为社会公益事业捐赠的款项和物资。

9. 审计机关对国际组织和外国政府援助、贷款项目的财务收支进行审计监督。

国际组织分为政府间国际组织和非政府国际组织。

国际组织和外国政府援助、贷款项目是指国际组织、国际金融机构、外国政府及其机构，向我国政府及其部门提供的贷款、援款及赠款项目，向我国金融机构和企业事业单位提供的、由我国政府及其部门担保的贷款项目，向受我国政府委托管理有关基金、资金的社会团体提供的援助和赠款项目，以及其他国外贷援款项目。

10. 审计机关按照国家有关规定，对国家机关和依法属于审计机关审计监督对象的其他单位的主要负责人，在任职期间对本地区、本部门或者本单位的财政收支、财务收支以及有关经济活动应负经济责任的履行情况，进行审计监督。

11. 除《审计法》规定的审计事项外，审计机关对其他法律、行政法规规定应当由审计机关进行审计的事项，依照《审计法》和有关法律、行政法规的规定如（《防震减灾法》、《防沙治沙法》、《政府采购法》等的规定）进行审计监督。

12. 审计机关有权对与国家财政收支有关的特定事项，向有关地方、部门、单位进行专项审计调查，并向本级人民政府和上一级审计机关报告审计调查结果。

13. 审计机关根据被审计单位的财政、财务隶属关系或者国有资产监督管理关系确定审计管辖范围。

14. 依法属于审计机关审计监督对象的单位，应当按照国家有关规定建立健全内部审计制度，其内部审计工作应当接受审计机关的业务指导和监督。

15. 社会审计机构审计的单位依法属于审计机关审计监督对象的，审计机关按照国务院的规定，有权对该社会审计机构出具的相关审计报告进行核查。

（二）国家审计机关的权限

根据《审计法》规定，我国国家审计机关在审计过程可行使下列权限：

1. 要求提供资料权

《审计法》第三十一条规定，审计机关有权要求被审计单位按照审计机关的规定提供预算或者财务收支计划、预算执行情况、决算、财务会计报告，运用电子计算机储存、处理的财政收支、财务收支电子数据和必要的电子计算机技术文档，在金融机构开立账户的情况，社会审计机构出具的审计报告，以及其他与财政收支或者财务收支有关的资料，被审计单位不得拒绝、拖延、谎报。

被审计单位负责人对本单位提供的财务会计资料的真实性和完整性负责。

2. 审计检查权

《审计法》第三十二条规定，审计机关进行审计时，有权检查被审计单位的会计凭证、会计账簿、财务会计报告和运用电子计算机管理财政收支、财务收支电子数据的系统，以及其他与财政收支、财务收支有关的资料和资产，被审计单位不得拒绝。

3. 审计调查取证权

审计调查取证权是一种法律赋予审计机关的行政调查取证权。

行政调查取证是行政主体出于行政管理的目的而进行的信息收集和处理活动，因其同时具备了程序法和实体法上的意义，表现极为复杂。一些调查行为表现为事实行为，不对行政相对人的权利、义务作出法律上的处分，一些又直接对行政相对人的权利、义务作出法律上的处分。审计调查属于前一种情况。[1]

审计调查取证权是审计机关行使监督权的重要方式和必要条件，各国审计立法对此都有规定。

《审计法》第三十三条规定，审计机关进行审计时，有权就审计事项的有关问题向有关单位和个人进行调查，并取得有关证明材料。有关单位和个人应当支持、协助审计机关工作，如实向审计机关反映情况，提供有关证明材料。

审计机关经县级以上人民政府审计机关负责人批准，有权查询被审计单位在金融机构的账户。

审计机关有证据证明被审计单位以个人名义存储公款的，经县级以上人民政府审计机关主要负责人批准，有权查询被审计单位以个人名义在金融机构的存款。

查询存款是指经法律、行政法规授权的国家机关依法作出的、要求金融

---

〔1〕 审计署法制司．新《审计法》释解与实务指导［M］．北京：中国市场出版社，2006.

机构提供相关存款人存款情况的行为。一般而言，查询机关查询存款的目的有两种：一种是为了获取与案件有关的证明材料；另一种是为了冻结或扣划存款而事先摸查情况。

4. 行政强制权

行政强制指行政主体为实现行政目的，对相对人的财产、身体及自由等予以强制而采取的措施。[1]

在我国，行政强制制度主要包括行政强制措施和行政强制执行两大部分。

世界上，行政强制执行制度有行政机关自行强制执行、申请司法机关强制执行和混合执行三种模式。

我国行政强制执行以行政机关申请法院执行为主，以行政机关自力执行为辅。

《审计法》有关审计机关行政强制权包括：

（1）对违法、违规行为的制止权；

（2）对有关资料暂时封存权；

（3）对有关资产自行封存，或者申请法院对有关存款予以冻结；

（4）通知财政部门和有关主管部门暂停拨付有关款项或者暂停使用有关款项的权力。

《审计法》第三十四条规定，审计机关进行审计时，被审计单位不得转移、隐匿、篡改、毁弃会计凭证、会计账簿、财务会计报告以及其他与财政收支或者财务收支有关的资料，不得转移、隐匿所持有的违反国家规定取得的资产。

审计机关对被审计单位违反前款规定的行为，有权予以制止；必要时，经县级以上人民政府审计机关负责人批准，有权封存有关资料和违反国家规定取得的资产；对其中在金融机构的有关存款需要予以冻结的，应当向人民法院提出申请。

审计机关对被审计单位正在进行的违反国家规定的财政收支、财务收支行为，有权予以制止；制止无效的，经县级以上人民政府审计机关负责人批准，通知财政部门和有关主管部门暂停拨付与违反国家规定的财政收支、财务收支行为直接有关的款项，已经拨付的，暂停使用。

审计机关采取前两款规定的措施不得影响被审计单位合法的业务活动和生产经营活动。

5. 建议纠正权

《审计法》第三十五条规定，审计机关认为被审计单位所执行的上级主管

---

〔1〕审计署法制司. 新《审计法》释解与实务指导［M］. 北京：中国市场出版社，2006.

部门有关财政收支、财务收支的规定与法律、行政法规相抵触的，应当建议有关主管部门纠正；有关主管部门不予纠正的，审计机关应当提请有权处理的机关依法处理。

6. 通报或公布审计结果权

《审计法》第三十六条规定，审计机关可以向政府有关部门通报或者向社会公布审计结果。

审计机关通报或者公布审计结果，应当依法保守国家秘密和被审计单位的商业秘密，遵守国务院的有关规定。

7. 行政协助权

《审计法》第三十七条规定，审计机关履行审计监督职责，可以提请公安、监察、财政、税务、海关、价格、工商行政管理等机关予以协助。

行政协助是指行政主体在履行自身职责过程中遇到自身无法克服的障碍时，向与其无隶属关系的其他行政主体提出协助请求，被请求机关依法提供职务上的帮助以支持请求机关实现其行政职能的制度。

8. 处理处罚权

《审计法》第四十三条规定，被审计单位违反本法规定，拒绝或者拖延提供与审计事项有关的资料的，或者提供的资料不真实、不完整的，或者拒绝、阻碍检查的，由审计机关责令改正，可以通报批评，给予警告；拒不改正的，依法追究责任。

《审计法》第四十五条规定，对本级各部门（含直属单位）和下级政府违反预算的行为或者其他违反国家规定的财政收支行为，审计机关、人民政府或者有关主管部门在法定职权范围内，依照法律、行政法规的规定，区别情况采取下列处理措施：

（1）责令限期缴纳应当上缴的款项；

（2）责令限期退还被侵占的国有资产；

（3）责令限期退还违法所得；

（4）责令按照国家统一的会计制度的有关规定进行处理；

（5）其他处理措施。

《审计法》第四十六条规定，对被审计单位违反国家规定的财务收支行为，审计机关、人民政府或者有关主管部门在法定职权范围内，依照法律、行政法规的规定，区别情况采取前条规定的处理措施，并可以依法给予处罚。

《审计法》第四十七条规定，审计机关在法定职权范围内作出的审计决定，被审计单位应当执行。

审计机关依法责令被审计单位上缴应当上缴的款项，被审计单位拒不执行的，审计机关应当通报有关主管部门，有关主管部门应当依照有关法律、行政法规的规定予以扣缴或者采取其他处理措施，并将结果书面通知审计机关。

《审计法》第四十九条规定，被审计单位的财政收支、财务收支违反国家规定，审计机关认为对直接负责的主管人员和其他直接责任人员依法应当给予处分的，应当提出给予处分的建议，被审计单位或者其上级机关、监察机关应当依法及时作出决定，并将结果书面通知审计机关。

三、国家审计机关的管理

国家审计机关实施双重管理体制，国务院和县级以上人民政府设立审计机关。国务院和县级以上人民政府应当每年向本级人民代表大会常务委员会提出审计机关对预算执行和其他财政收支的审计工作报告。地方各级审计机关对本级人民政府和上一级审计机关负责并报告工作。审计业务以上级审计机关领导为主。

四、国家审计机关的国际组织

国家审计机关的国际组织为最高审计机关国际组织（International Organisation of Supreme Audit Institutions，INTOSAI），是由世界各国最高一级国家审计机关所组成的国际性组织。它创立于 1953 年，1968 年在东京召开的第六次会议上，通过了该组织的章程，正式宣布成立最高审计机关国际组织，受联合国经社理事会领导。其总部设在维也纳，由奥地利审计法院负责日常工作，会费由各成员国按联合国缴纳会费的比例分摊。

最高审计机关国际组织每三年召开一次全体成员国会议，就审计的原则、方向、理论、方法和技术等方面的问题进行交流，以有助于各成员国研究、改进和加强国家审计工作。

最高审计机关国际组织目前拥有 160 个成员国，并在亚洲、非洲、阿拉伯和拉美地区设立了四个区域性的分支组织。1982 年 5 月 4 日在马尼拉召开的第十一届大会上，我国最高审计机关——国家审计署正式被批准成为该组织的成员国。

最高审计机关国际组织的宗旨是：增强各国最高审计机关之间审计技术和审计信息的理解和交流，推动和促进各国最高审计机关更好地完成该国的审计工作。

在指导各国国家审计准则的制定和国际协调方面，最高审计机关国际组织 1977 年第九届大会上通过的《利马宣言——审计准则指南》、1986 年第十二届大会上发表的《关于绩效审计、公营企业审计和审计质量的总声明》以及 1992 年第十四届大会签署并于 1995 年第十五届大会修订的《INTOSAI 审计准则》影响最大。

五、国家审计人员

（一）国家审计人员的资格要求

1. 高级审计师；
2. 审计师；
3. 助理审计师。

（二）国家审计人员的专业技术职称考试制度

审计专业技术资格分为初级（审计员、助理审计师）、中级（审计师）、高级（高级审计师）三个等级。

1. 参考人员应具备的条件

初级参考人员要求高中以上学历。

中级参考人员要求须具备下列条件之一：专科毕业后工作满六年；本科毕业后工作满四年；获第二学士学位或研究生班毕业后工作满两年；获硕士学位后工作满一年；获博士学位。

高级参考人员要求：凡遵守《中华人民共和国宪法》和各项法律，具有良好职业道德和敬业精神，并符合下列条件之一者，均可报名参加高级审计师考试：获得博士学位，取得审计师或相关专业中级专业技术资格后，从事审计工作满 2 年；获得硕士学位，取得审计师或相关专业中级专业技术资格后，从事审计工作满 4 年；大学本科毕业，取得审计师或相关专业中级专业技术资格后，从事审计工作满 5 年；大学专科毕业，取得审计师或相关专业中级专业技术资格后，从事审计工作满 6 年；对虽不具备上述条件规定的学历、任职资格或从事审计工作年限，但审计工作业绩突出的人员，其破格报名条件由各省、自治区、直辖市审计、人事部门根据本地实际情况制定，并报审计署、人事部备案。

2. 考试科目

与审计专业相关知识的综合考试和审计理论与实务考试。前者包括宏观经济学基础、企业财务管理、企业财务会计、经济法等内容，后者包括审计理论与方法、企业财务审计、行业审计等内容。

3. 技术资格的认定

初级、中级审计专业技术资格，通过参加全国统一考试，并达到合格标准后获得。

高级审计专业技术资格，除通过参加全国统一考试并达到合格标准外，还要经过高级审计师资格评审委员会按照规定评审后方可获得。

第三节　内部审计机构及其人员

一、内部审计机构的设置

（一）内部审计机构设置的基本模式

在西方国家，内部审计领导体制主要有以下几种模式：

1. 受董事会或其下设审计委员会的领导；
2. 受本企业总裁或总经理领导；
3. 受企业主计长的领导；
4. 受董事会下设的审计委员和主计长的双重领导。

其中，前两种模式是西方国家企业内部审计组织的主要形式。

（二）我国内部审计机构的设置

1. 我国内部审计机构设置的原则

根据《审计署关于内部审计工作若干规定》的规定，我国内部审计机构设置必须遵循法定原则，即：凡法律、行政法规规定设立内部审计机构的单位，必须设立独立的内部审计机构；法律、行政法规没有明确规定设立内部审计机构的单位，可根据需要设立内部审计机构，配备内部审计人员；有内部审计需要，但不具有设立独立内部审计机构条件和人员编制的国家机关，可授权本单位内设机构履行内部审计职责。

2. 我国内部审计机构设置的模式

（1）隶属于单位董事会（或董事会下设的审计委员会）；

（2）隶属于单位总负责人（总经理或总裁）；

（3）隶属于单位第二层次的负责人（副总经理或副总裁）。

二、我国内部审计机构的职责与权限

（一）我国内部审计机构的职责

根据《审计署关于内部审计工作若干规定》的规定，我国内部审计机构的职责包括以下几个方面：

1. 对本单位及所属单位（含占控股地位或者主导地位的单位，下同）的财政收支、财务收支及其有关的经济活动进行审计。

2. 对本单位及所属单位预算内、预算外资金的管理和使用情况进行审计。

3. 对本单位内设机构及所属单位领导人员的任期经济责任进行审计。

4. 对本单位及所属单位固定资产投资项目进行审计。

5. 对本单位及所属单位内部控制制度的健全性和有效性以及风险管理进行评审。

6. 对本单位及所属单位经济管理和效益情况进行审计。

7. 法律、法规规定和本单位主要负责人或者权力机构要求办理的其他审计事项。

（二）我国内部审计机构的权限

根据《审计署关于内部审计工作若干规定》的规定，在审计管辖范围内，内部审计机构有以下权限：

1. 要求被审计单位按时报送生产、经营、财务收支计划、预算执行情况、决算、会计报表和其他有关文件资料。

2. 参加本单位有关会议，召开与审计事项有关的会议。

3. 参与研究制定有关的规章制度，提出内部审计规章制度，由单位审定公布后施行。

4. 检查有关生产、经营和财务活动的资料、文件和现场勘察实物。

5. 检查有关的计算机系统及其电子数据和资料。

6. 对与审计事项有关的问题向有关单位和个人进行调查，并取得证明材料。

7. 对正在进行的严重违法违规、严重损失浪费行为作出临时制止决定。

8. 对可能转移、隐匿、篡改、毁弃会计凭证、会计账簿、会计报表以及与经济活动有关的资料，经本单位主要负责人或者权力机构批准，有权予以暂时封存。

9. 提出纠正、处理违法违规行为的意见以及改进经济管理、提高经济效益的建议。

10. 对违法违规和造成损失浪费的单位和人员，给予通报批评或者提出追究责任的建议。

三、内部审计管理

（一）内部审计管理体制

根据《审计法》和《审计署关于内部审计工作若干规定》的规定，我国对内部审计实行政府管理和职业化管理相结合的模式。

国家审计机关根据《审计法》和《审计署关于内部审计工作若干规定》的规定，依法对属于审计机关审计监督对象的单位的内部审计工作的业务质

量进行检查和评价。

中国内部审计师协会依照《审计署关于内部审计工作若干规定》和《中国内部审计师协会章程》的规定，对内部审计进行职业管理。

中国内部审计师协会接受审计机关的指导、监督和管理。

（二）中国内部审计师协会

中国内部审计师协会，英文译名 China Institute of Internal Audit，缩写为 CIIA。

中国内部审计协会的前身为中国内部审计学会，成立于 1987 年。1988 年经审计署批准，将学会更名为协会，使其成为对企业、事业行政机关和其他事业组织的内审机构进行行业自律管理的全国性社会团体组织。中国内部审计协会协会依据《中华人民共和国审计法》、《审计署关于内部审计工作的规定》、《中国内部审计协会章程》开展工作。它秉承服务、管理、宣传、交流的宗旨，为中国内部审计的规范化建设、理论探索和实践经验的创新、交流、内审人员岗位培训及后续教育、指导内审机机构的业务建设、开展国际间的互动学习、提高内审工作的科学技术水平，提供全方位的服务。

四、国际内部审计机构

国际内部审计机构是国际内部审计师协会（Institute of Internal Auditors，IIA），1941 年成立于美国纽约，是世界范围的内部审计师组织。该协会在联合国经济和社会开发署享有顾问地位，是最高审计机关国际组织的常任观察员，是国际政府财政管理委员会、国际会计师联合会的团体会员。协会现有 196 个分会，分布在 100 多个国家和地区。中国内部审计学会 1987 年加入该协会，成为国家分会。协会现有全球会员 7 万多人。

国际内部审计师协会的宗旨是：增进国际内部审计的学科研究和经济交流，促进各国内部审计工作的发展。

国际内部审计师协会在职业确认、职业教育、职业文献、职业研究、职业准则以及注册内部审计师资格考试等方面作出了重大贡献。

五、内部审计人员

（一）内部审计人员的资格

按《内部审计人员岗位资格证书实施办法》的规定，凡具备下列条件之一，经省级内部审计（师）协会审批，报中国内部审计协会备案，可发给资格证书：

1. 具有审计、会计、经济及相关专业中级及中级以上专业技术职称的人员；

2. 具有国际注册内部审计师证书的人员；

3. 具有注册会计师、造价工程师、资产评估师等相关执业证书人员；

4. 审计、会计及相关专业本科以上学历工作满 2 年以上，以及大专学历工作满 4 年以上的人员；

5. 对已取得省（行业）级内部审计（师）协（学）会颁发的内部审计资格证书，时间不超过 2 年的人员，在本办法实施后可进行一次性的确认，发给资格证书。

不具备资格认证条件者，须参加中国内部审计协会统一组织的资格考试，考试合格者发给资格证书。资格证书考试内容包括内部审计原理与技术、有关法律法规与内部审计准则、计算机基础知识与应用。

（二）国际注册内部审计师资格考试有关规定

国际注册内部审计师（Certified Internal Auditor，CIA），是国际内部审计领域专家的标志，是目前国际审计界唯一公认的职业资格。

国际内部审计师协会自 1974 年起在全球指定地点举行注册内部审计师资格考试，给考试合格者颁发注册内部审计师证书，授予“注册内部审计师”称号。1998 年中国内部审计协会与 CIA 签定协议，将 CIA 在国际上举办的国际注册内部审计师考试引入中国，并取得成功。

具备下列条件之一者，可报名参加考试：具有本科及本科以上学历；具有中级及中级以上专业技术资格；持有注册会计师证书或非执业注册会计师证书；CIA 考试期间本科院校的审计、会计及相关专业四年级学生。

具有下列资格者，可以申请免试第四部分（即经营管理技术）：持有中级及中级以上审计师专业技术资格证书；持有中级及中级以上会计师专业技术资格证书；持有注册会计师证书或非执业注册会计师证书。

考试科目包括：第一部分：内部审计在治理、风险和控制中的作用；第二部分：实施内部审计业务；第三部分：经营分析和信息技术；第四部分：经营管理技术。第一、第二、第三部分由国际内部审计师协会命题，第四部分由中国内部审计学会命题，国际内部审计师协会统一阅卷。

复习思考题

1. 我国会计师事务所的组织形式有哪些？各应具备什么条件？
2. 中国注册会计师的业务范围有哪些？

3. 中国注册会计师的行业管理体制如何？
4. 我国国家审计机关是如何设置的？其职责权限主要有哪些？
5. 我国内部审计机构设置模式如何？

3 CHAPTER 第三章 审 计 准 则

任何职业都意味着地位、承诺和信用。商业社会期望审计人员保持高度的职业性。这种期望是由该职业的优良形象所形成的。优良的职业形象一靠职业规范，二靠职业主体的努力。审计职业规范主要由审计职业道德规范和审计准则组成。本章主要介绍审计准则。

第一节 审计准则概述

审计准则用以规范审计人员执行审计业务，获取审计证据，形成审计结论，出具审计报告的专业标准，是审计职业规范体系的重要组成部分。

一、审计准则的概念和种类

（一）审计准则的概念

审计准则是由国家有关部门或会计师职业团体制定的，用以规定审计人员应有的素质和专业资格，规范和指导其执业行为，衡量和评价其工作质量的权威性标准。

理解这一概念，要把握以下几点：

1. 审计准则是对审计主体的规范和要求，它规定了审计人员应有的素质和专业资格，并对审计人员的审计行为予以规范和指导。

2. 审计准则提出了审计工作应达到的质量要求，是衡量和评价审计工作质量的依据。

3. 审计准则一般由国家有关部门或会计师职业团体制定颁布。

4. 审计准则具有很高的权威性和很强的约束力，审计人员在执业过程中必须严格遵守。

（二）审计准则的种类

1. 按审计准则规范的对象性质不同，可以分为民间审计准则、国家审计准则和内部审计准则。

（1）民间审计准则。也称注册会计师审计准则，是对民间审计人员的执

业行为的规范。世界上最早出现的审计准则是美国的民间审计准则，即1947年美国会计师协会的审计程序委员会发布的《审计标准说明草案——其公认的意义和范围》[1]，这一准则的颁布除对美国的注册会计师审计产生重要影响外，对国家审计和内部审计以及其他国家审计准则乃至国际审计准则的建立都起了重大作用。

（2）国家审计准则。也称政府审计准则，是对国家审计机关的审计人员的执业行为的规范。最早的国家审计准则是美国会计总署于1972年颁布的国家审计准则——《政府机构、计划项目、活动和职能的审计标准》，简称《黄皮书》，适用于所有针对政府活动的审计[2]。此后，许多国家也仿照美国制定了本国的审计准则。

（3）内部审计准则。即对内部审计人员的执业行为的规范。内部审计准则也开始于美国内部审计师协会1978年颁布的《内部审计专业实务准则》，该准则对内部审计人员及其工作作出了原则性规定[3]。美国内部审计师协会于1941年12月9日在纽约成立，当时只是美国的全国性内部审计职业团体，创立后得到迅速发展，成为一个国际性的内部审计组织。

2. 按审计准则所属国家不同，可以分为国际性审计准则、外国审计准则和中国审计准则。

（1）国际性审计准则。在国家审计方面，1977年在联合国支持下，最高审计机关国际组织在秘鲁首都利马举行的会议上通过了关于国家审计机关审计规则的国际性文件《利马宣言——审计规则指南》。在民间审计方面，由国际会计师联合会下属的国际审计实务委员会（现改为国际审计准则委员会）制定和颁布了《国际审计指南》（现改为《国际审计准则》）。国际会计师联合会于1977年10月成立，其宗旨是：以协调一致的标准，在世界范围内发展和加强会计职业，以便为公众利益提供一贯的高质量服务。国际审计实务委员会代表国际会计师联合会制定和发布国际审计准则，截至2001年12月，该委员会陆续颁布了50项国际审计准则和国际审计实务公告，这些准则的颁布，提高了全世界审计实务的一致性程度，进一步促进了审计事业的发展。在内部审计方面，国际内部审计师协会颁布了《内部审计实务标准》。

（2）外国审计准则。当今世界上各主要国家一般都制定了各自的审计准则，审计准则的科学性与完善程度如何，反映着一个国家审计水平乃至经济

[1] 文硕．世界审计史［M］．北京：企业管理出版社，2006.

[2] 文硕．世界审计史［M］．北京：企业管理出版社，2006.

[3] 文硕．世界审计史［M］．北京：企业管理出版社，2006.

发展的程度。美国从 1947 年开始研究和制定审计准则；加拿大从 1968 年开始发布成文的审计准则；德国于 1964 年发布审计准则；日本于 1950 年发布第一套审计准则；而英国到 1980 年才制定出全国统一的审计准则——《审计准则和指南》，同时发布审计准则说明和审计指南及术语汇编等；澳大利亚于 1951 年开始发布审计准则，以后多次修订，1993 年发布了《审计准则规则》，并终止使用 1990 年 11 月公布的审计准则 1 号[1]。

（3）中国审计准则。民间审计准则于 1996 年 1 月 1 日起实施；国家审计准则于 2000 年 1 月起实施；内部审计准则于 2003 年 6 月 1 日起实施。

二、审计准则的作用

1. 可以为规范和指导审计工作提供依据，有助于审计工作规范化的实现。

审计准则是针对审计人员专业资格及其工作过程和工作结果所制定的规范。审计人员必须具有规定的技能条件、身份条件和品德条件，才能执行审计业务并获得社会的信任。在审计过程中，如果任凭审计人员自由选择审计程序和方法，在审计报告中任意发表审计意见，审计就不可能最终赢得社会的信任。因此，必须要有审计准则加以规范和指导，并要求审计人员严格遵守。各国的审计准则一般都对审计人员的任职条件及其在工作中应保持的态度、审计工作的基本程序和方法及审计报告的要求等作出规定，审计人员必须遵守。

2. 为衡量和评价审计工作质量提供依据，从而有助于审计工作质量的提高。

审计准则中一般都对审计人员的任职条件及审计过程中的程序和方法作了规定，它可使审计人员在审计工作中时刻以审计准则为准绳，谨慎工作，从而提高审计工作质量。

3. 有助于赢得社会公众对审计工作结果的广泛信任。

审计准则要求审计人员按审计准则规定执行审计业务，这就使社会公众可以通过对审计人员的某项审计工作结果进行评价，看它是否符合审计准则，是否达到令人满意的程度，只有审计工作质量令人满意，审计人员的工作才能令人信任。

4. 有助于维护审计组织和审计人员的合法权益，使得他们免受不公正的指责和控告。

审计人员的职责并非毫无限制，审计结果也不可能在任何条件下都绝对

---

〔1〕 文硕．世界审计史［M］．北京：企业管理出版社，2006.

正确。审计准则中规定了审计人员的工作范围，审计人员只要能严格按照审计准则的要求执行审计业务，就算是尽到了职责。当审计委托人与审计人员发生经济纠纷并诉诸法律时，审计准则就成为法庭判明是非、划清责任界限的重要依据。

5. 有助于推动审计理论的研究和现代审计人才的培养。

审计准则是审计实践经验的总结和升华，已成为审计理论的一个重要组成部分。在审计准则制定过程中，必然会激发各种理论的争论、探讨，从而带动审计理论的研究，审计理论水平也会随着审计准则的制定实施而不断提高。审计工作质量和理论水平的提高才会带动审计教育水准的提高和现代化审计人才的培养，培养推动审计事业的进一步发展。

6. 有助于促进审计经验的交流和审计事业的国际化。

审计准则的发展与完善，成为各国职业会计组织竞相追求的目标，成为各国审计事业发展水平的重要标志。通过各国审计准则的协调，可推动各国审计经验的交流，促进全球经济的共同繁荣和发展。

三、审计准则的产生与发展

在审计发展史上，最早出现的审计准则是民间审计准则，在此基础上，有些国家和组织建立了国家审计准则和内部审计准则。事实上，民间审计准则的内容构成了国家审计准则和内部审计准则的主要框架。

1917 年，美国注册会计师协会（AICPA）公布了一份称为“统一会计”的文件，其主要内容是对会计报表审计的步骤和方法作出规定。1938 年，正当会计报表审计盛行之时，美国发生了麦克逊·罗宾斯公司事件，使审计界开始意识到需要一套完整的审计准则作为审计组织和审计人员遵守的规范。1947 年，美国注册会计师协会发表了《审计准则试行方案——公认的重要性和范围》，这份准则中的九条和 1954 年增加的第十条一直适用到现在，成为《一般公认审计准则》（Generally Accepted Auditing Standards，GAAS）的主体，标志着审计准则的正式产生，具有划时代的历史意义。

1977 年国际会计师联合会成立，其下设的国际审计实务委员会负责发展和发布关于公认的审计实务准则和审计报告内容、形式的准则，到目前为止，该委员会陆续颁布了 31 项国际审计准则和一系列相关业务的国际审计准则及其审计的国际公告。

在民间审计准则初步成型的同时，国家审计机关和内部审计机构也开始逐渐认识到制订统一审计准则的重要性，它们纷纷效仿民间审计准则的框架和内容，结合自身的工作性质和特点，制订了自己的审计准则，不仅适应了各自的工作需要，也使民间审计准则的内容得以扩展。1984 年最高审计机关国际组织成立了审计准则委员会，并于 1989 年通过了最高审计机关国际组织审计准则，该准则突出了国家审计独具的特点，并适应了国家审计向绩效审计发展的趋势。

1941 年美国成立了内部审计师协会，协会的发展十分迅速，到 1944 年已发展成为国际化的内部审计师协会。1974 年协会建立了职业准则和责任委员会，负责制定内部审计准则，并于 1977 年完成了《内部审计实务准则》。经过不断的修改，1978 年协会正式发表了内部审计准则，并于 1983 年开始发表一系列的《内部审计实务准则说明》，为内部审计师的工作提供了指南。

第二节　民间审计准则

一、国际审计准则体系

国际审计准则（简称 ISA）于 1991 年 7 月 10 日由过去的《国际审计指南》易名而来。

国际审计准则的框架由审计准则和相关业务准则构成，为国际会计师联合会所颁布，自 1980 年 6 月至今，已先后颁布了 33 个《国际审计准则》文件。这 33 个文件可分为一般准则、工作准则和报告准则三个部分。相关业务准则共有 3 个。此外，还有国际审计实务公告 12 个，小册子 2 本。这种小册子是为加深对国际审计准则及会计报表审计的理解而编制的。

（一）一般准则

一般准则是审计人员资格条件和执业行为的准则，主要包括以下几方面的内容：

（1）对审计人员应具备的技术条件所作出的规定。包括专业学识、实践经验和工作能力。

（2）对审计人员应具备的身份条件所作出的规定。主要要求审计人员必须具备超然独立的立场，在陈述与表达意见时应持公正的态度。

（3）对审计人员应具备的职业道德条件所作的规定。

（二）工作准则

工作准则是审计人员在执行会计报表审计过程中应遵守的准则。包括：

（1）对计划审计工作所作的规定。包括审计计划的可行性研究、审计工作的程序、审计人员及其工作分工等。

（2）对确立审计范围所作的规定。包括审查会计报表，研究和评价内部控制结构，确定审计测试或采用其他审计方法的性质、时间和范围等。

（3）对获取审计证据所作的规定。包括采用各种有效的方法以获取充分适当的证据；充分考虑审计对象的重要性、审计风险及其他影响因素，为审计会计报表和提出公正审计意见提供合理的依据等。

（4）对实施审计所作的规定。包括执行审计的必要条件和程序、应执行的审计业务等。

（三）报告准则

报告准则是审计人员编制审计报告、选择表达方式和记载必要事项的准则。包括：

（1）对审计报告应记载事项的规定。

（2）对发表审计意见的规定。

（3）对补充记载事项的规定。

（4）对审计报告报送对象及报告时间的规定。

在国际审计准则[1]中，有关工作准则的说明和解释占了相当大的比例。

国际审计准则适用于民间审计的全过程。在适当的情况下，国际审计准则也可应用于审计人员的其他相关业务。

二、美国审计准则体系

美国的审计准则体系包括《公认审计准则》和《审计准则说明书》两部分。

《公认审计准则》是20世纪40年代建立起来的对审计质量的总括要求，它包括三个部分共10条，分别为一般准则3条、外勤工作准则3条和报告准则4条。

1. 一般准则

（1）审计应由一位或多位经过充分技术培训并精通业务的审计人员执行。

（2）对一切与业务有关的问题，审计人员均应保持独立的精神状态。

（3）在执行审计和编写报告时，应恪守应有的职业谨慎。

2. 外勤工作准则

（1）审计人员应充分计划，若有助理人员，应予以适当督导。

（2）审计人员必须对内部控制结构有充分的了解，以便计划审计工作，并确定将要执行的测试的性质、时间安排及范围。

---

〔1〕有关《国际审计准则》的具体条文，请参见：国际会计师联合审计实务委员会．国际审计准则［M］．张德明，译．深圳：海天出版社，1996.

（3）应通过检查、观察、询问和函证等方法，获取充分的审计证据，以便对被审计会计报表发表意见提供合理的基础。

3. 报告准则

（1）报告应指出会计报表是否按照公认会计原则编制。

（2）报告应指出本期采用的上述原则和上期不一致的各种情况。

（3）除非在审计报告中另有说明，否则会计报表中信息的披露均应被认为是合理和充分的。

（4）报告应就整个会计报表发表意见，或者声明不能发表意见。若不能发表总体意见，则应说明其理由。在任何情况下，审计人员的姓名一旦与会计报表相关联，他就应明确说明其审计工作的特性及其所负责任的程度。

《审计准则说明书》是对审计基本准则的阐述和解释，是对《公认审计准则》的执行与落实所作的一种说明，它主要是针对会计报表审计而制定的。

《公认审计准则》和《审计准则说明书》是两个权威性文献，要求所有从事审计工作的人员在情况许可的条件下都必须遵守。

美国的审计准则适用于所有会计报表审计业务。

三、中国注册会计师执业准则体系

中国注册会计师协会成立后，非常重视执业准则的建设。1991—1993 年，先后发布了《注册会计师检查验证会计报表规则（试行）》等 7 个执业规则。1995—2003 年，初步建立起独立审计准则体系，包括序言（1 个）、基本准则（1 个）、具体准则（28 个）和实务公告（10 个）、执业规范指南（5 个）。此外，还包括职业道德基本准则、质量控制基本准则和后续教育基本准则 3 个相关基本准则，共计 48 个项目。2006 年 2 月 15 日发布（修订）了 48 项执业准则，自 2007 年 1 月 1 日起执行。这 48 项准则的发布实施，标志着我国已建立起一套适应市场经济发展需要的、顺应国际趋势的注册会计师执业准则体系，具体内容和体系结构如图 3－1 所示。

执业准则体系包括注册会计师业务准则和会计师事务所质量控制准则两类，业务准则包括鉴证业务准则和相关服务准则，其中鉴证业务准则由鉴证业务基本准则统领，分为审计准则、审阅准则和其他鉴证准则，审计准则是整个执业准则体系的核心。

鉴证业务基本准则是鉴证业务概念框架，旨在规范注册会计师执行鉴证业务，明确鉴证业务的目标和要素，确定审计准则、审阅准则、其他鉴证业务准则适用的鉴证业务类型。

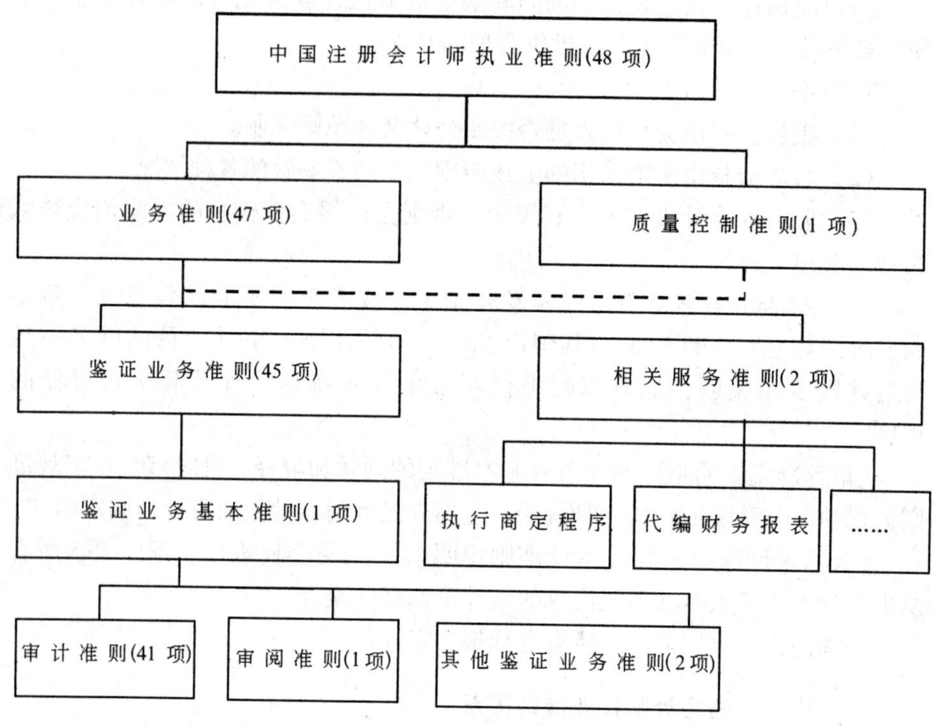

图 3-1 中国注册会计师执业准则体系示意图

审计准则适用于规范注册会计师执行历史财务信息（主要是财务报表）审计业务，要求注册会计师综合使用审计方法，对财务报表获取合理程度的保证。审计准则涉及审计业务的一般原则与责任、风险评估与应对、审计证据、利用其他主体的工作、审计结论与报告、特殊领域审计 6 个方面。

审阅业务准则适用于规范注册会计师执行历史财务信息（主要是财务报表）审阅业务，要求注册会计师主要使用询问和分析程序，对财务报表获取有限程度的保证（在国外，主要服务于上市公司中期财务报表审阅）。

其他鉴证业务准则适用于规范注册会计师执行除历史财务信息审计和审阅以外的非历史财务信息的鉴证业务。根据鉴证业务的性质和业务约定，提供有限保证或合理保证。

相关服务准则适用于规范注册会计师代编财务报表、执行商定程序、管理咨询、税务咨询和其他服务。由于业务性质属于代理、咨询服务，注册会计师不提供任何程度的保证。

质量控制准则适用于会计师事务所及其人员对财务信息审计和审阅、其他鉴证业务以及相关服务的质量控制，是对会计师事务所及其人员提出的质量控制政策和程序的要求。

第三节 中国注册会计师鉴证业务基本准则

《鉴证业务基本准则》全文共9章60条，主要包括总则、鉴证业务的定义和目标、业务承接、鉴证业务的三方关系、鉴证对象、标准、证据、鉴证报告、附则等内容。

一、鉴证业务的定义与种类

（一）鉴证业务的定义

1. 鉴证业务的定义

鉴证业务（Assurance Service），是指注册会计师对鉴证对象信息提出结论，以增强除责任方之外预期使用者对鉴证对象信息信任程度的业务。

上述定义可从以下几个方面加以理解：

（1）鉴证业务的主体是注册会计师。

（2）鉴证业务的客体是责任方。

（3）鉴证业务的内容是鉴证对象信息。即：按标准对鉴证对象进行评价和计量的结果；鉴证对象信息应当恰当反映既定标准运用于鉴证对象的情况。

（4）鉴证结论的用户是预期使用者。

（5）鉴证业务的日的是增强除责任方之外预期使用者对鉴证对象的信任程度，即以适当保证或提高鉴证对象信息的质量为主要目的。

2. 鉴证业务和相关服务业务的区别

鉴证业务和相关服务业务都是由注册会计师提供，相对于鉴证业务而言，相关服务业务是指由注册会计师提供的除鉴证业务以外的其他服务业务。两者的区别主要表现在以下几方面：

（1）业务涉及的关系人不同。鉴证业务涉及责任方、预期使用者和注册会计师三方关系人；相关服务涉及客户和注册会计师两方关系人。

（2）业务关注的焦点不同。鉴证业务关注的焦点是鉴证对象信息的质量，它是注册会计师对信息质量某种程度的保证；相关服务关注的焦点是信息的利用，通常会形成一系列的建议。

（3）工作的结果不同。鉴证业务的工作结果是注册会计师以书面形式对鉴证对象信息提供某种程度的可靠性保证；相关服务的工作结果不对信息提

供可靠性保证。

（4）独立性的要求不同。鉴证业务要求注册会计师必须独立于鉴证业务的其他两方；相关服务不对独立性提出要求。

（5）注册会计师的责任不同。鉴证业务承担的责任大于相关业务。

注册会计师在确定某项业务适合作为鉴证业务还是相关服务时，应当根据执业准则的要求，着重考虑客户寻求服务的目的。如果客户要求只涉及信息的编制和利用或就某一事项寻求建议或意见，那么注册会计师将此业务作为相关服务是恰当的。但是，如果客户需要注册会计师对特定事项以书面报告的形式提供保证，则此业务应当作为鉴证业务。

（二）鉴证业务的种类

鉴证业务按三种不同的标准分类如下：

1. 按鉴证对象信息是否以责任方认定的形式为预期使用者所获取划分

（1）基于责任方认定的业务。

在基于责任方认定的业务中，责任方对鉴证对象进行评价或计量，鉴证对象信息以责任方认定的形式为预期使用者获取。例如，在财务报表审计中，被审计单位管理层（责任方）对财务状况、经营成果和现金流量（鉴证对象）进行确认、计量和列报（评价或计量）而形成的财务报表（鉴证对象信息）即为责任方的认定，该财务报表可为预期报表使用者获取，注册会计师针对财务报表出具审计报告。这种业务属于基于责任方认定的业务。

（2）直接报告业务。

在直接报告业务中，注册会计师直接对鉴证对象进行评价或计量，或者从责任方获取对鉴证对象评价或计量的认定，而该认定无法为预期使用者获取，预期使用者只能通过阅读鉴证报告获取鉴证对象信息。例如，在内部控制鉴证业务中，注册会计师可能无法从管理层（责任方）获取其对内部控制有效性的评价报告（责任方认定），或虽然注册会计师能够获取该报告，但预期使用者无法获取该报告，注册会计师直接对内部控制的有效性（鉴证对象）进行评价并出具鉴证报告，预期使用者只能通过阅读该鉴证报告获得内部控制有效性的信息（鉴证对象信息）。这种业务属于直接报告业务。

（3）基于责任方认定的业务和直接报告业务的区别。

①预期使用者获取鉴证对象信息的方式不同。在基于责任方认定的业务中，预期使用者可以直接获取鉴证对象信息，而不一定要通过阅读鉴证报告；在直接报告业务中，可能不存在责任方认定，或者即便存在，也无法为预期使用者获取，预期使用者只能通过阅读鉴证报告获取鉴证对象信息。

②注册会计师提出结论的对象不同。在基于责任方认定的业务中，注册

会计师提出结论的对象可能是责任方认定，也可能是鉴证对象；在直接报告业务中，无论责任方认定是否存在、注册会计师能否获取该认定，注册会计师在鉴证报告中都直接对鉴证对象提出结论。

③责任方的责任不同。在基于责任方认定的业务中，责任方应当对鉴证对象信息负责，也可能对鉴证对象负责；在直接报告业务中，无论注册会计师是否获取了责任方认定，鉴证报告中都不体现责任方认定，责任方仅需对鉴证对象负责。

④鉴证报告的格式不同。在基于责任方认定的业务中，鉴证报告通常提供责任方认定的相关信息，进而说明执行的鉴证程序并提出鉴证结论；在直接报告业务中，说明鉴证对象、执行的鉴证程序并提出鉴证结论。

2. 按鉴证业务提供保证程度划分

(1) 合理保证的鉴证业务。

合理保证的鉴证业务的目标，是注册会计师将鉴证业务风险降至该业务环境下可接受的低水平，以此作为以积极方式提出结论的基础。例如，在历史财务信息审计中，要求注册会计师将审计风险降至可接受的低水平，对审计后的历史财务信息提供高水平保证（合理保证），在审计报告中对历史财务信息采用积极方式提出结论。这种业务属于合理保证的鉴证业务。

(2) 有限保证的鉴证业务。

有限保证的鉴证业务的目标，是注册会计师将鉴证业务风险降至该业务环境下可接受的水平，以此作为以消极方式提出结论的基础。例如，在历史财务信息审阅中，要求注册会计师将审阅风险降至该业务环境下可接受的水平（高于历史财务信息审计中可接受的低水平），对审阅后的历史财务信息提供低于高水平的保证（有限保证），在审阅报告中对历史财务信息采用消极方式提出结论。这种业务属于有限保证的鉴证业务。

(3) 合理保证的鉴证业务和有限保证的鉴证业务的区别。

①目标不同。前者对鉴证后的鉴证对象信息提供高水平的保证，后者对鉴证后的鉴证对象信息提供低于高水平但是有一定意义的保证。

②证据收集程序不同。前者执行不断修正的、系统化的审计程序，获取充分、适当的证据；后者有意识地限制审计程序，主要采用询问和分析方法获取证据。

③所需证据多少不同。前者获取的证据比后者更充分。

④鉴证业务的风险不同。对重大错报风险而言，二者无差异，但对检查风险而言，后者大于前者。

⑤鉴证对象信息的可信性不同。前者鉴证后的鉴证对象信息比后者更为

可信。

⑥提出结论的方式不同。前者以积极方式提出合理保证，后者以消极方式提出有限保证。

⑦注册会计师的责任大小不同。前者承担的责任大于后者。

⑧业务收费不同。前者收取的费用高于后者。

3. 按提供的保证程度和鉴证对象划分

（1）审计业务。

审计业务是指注册会计师接受委托，对企业、其他经济组织或个人的历史财务信息所进行的审计业务。注册会计师在提供审计服务时，对所审计信息是否不存在重大错报提供合理保证，并以积极方式提出结论。

（2）审阅业务。

审阅业务是指注册会计师接受委托，对企业、其他经济组织或个人的历史财务信息所进行的审阅业务。注册会计师在提供审阅服务时，对所审计信息是否不存在重大错报提供有限保证，并以消极方式提出结论。

（3）其他鉴证业务。

其他鉴证业务是指注册会计师接受委托，对企业、其他经济组织或个人的历史财务信息进行审计或审阅以外的其他鉴证业务。注册会计师在提供其他鉴证服务时，要根据鉴证业务性质和业务约定书的要求，提供有限保证或合理保证。

（三）鉴证业务的目标

鉴证业务按保证程度分为合理保证和有限保证。合理保证的保证水平要高于有限保证的保证水平。

合理保证的鉴证业务的目标是注册会计师将鉴证业务风险降至该业务环境下可接受的低水平，以此作为以积极方式提出结论的基础。

有限保证的鉴证业务的目标是注册会计师将鉴证业务风险降至该业务环境下可接受的水平，以此作为以消极方式提出结论的基础。

二、鉴证业务的承接

（一）承接鉴证业务的条件

注册会计师承接鉴证业务应当同时具备以下三个条件：

1. 初步了解业务环境

业务环境包括业务约定事项、鉴证对象特征、使用的标准、预期使用者的需求、责任方及其环境的相关特征，以及可能对鉴证业务产生重大影响的事项、交易、条件和惯例等其他事项。

2. 满足职业道德规范要求

在初步了解业务环境后，注册会计师应当考虑承接该业务是否符合独立性和专业胜任能力等相关职业道德规范的要求。其中，独立性是指注册会计师是否独立于委托人或责任方；专业胜任能力是指注册会计师是否具有与承接的业务相匹配的专业胜任能力。

3. 拟承接的业务具备下列所有特征：

（1）鉴证对象适当；

（2）使用的标准适当且预期使用者能够获取该标准；

（3）注册会计师能够获取充分、适当的证据以支持其结论；

（4）注册会计师的结论以书面报告形式表述，且表述形式与所提供的保证程度相适应；

（5）该业务具有合理的目的。

例如，鉴证业务工作范围受到重大限制，或委托人试图将注册会计师的名字和鉴证对象不适当地联系在一起，则该业务可能不具有合理的目的。

不能同时具备以上三个条件的，注册会计师就不能作为鉴证业务予以承接。

（二）标准不适当的处理方式

1. 如果拟承接的鉴证业务所采用的标准不适当，注册会计师不应承接该项业务（但不是绝对的）。

2. 如果某项鉴证业务采用的标准不适当，但满足下列两个条件之一时，注册会计师可以考虑将其作为一项新的鉴证业务：

（1）委托人能够确认鉴证对象的某个方面适用于所采用的标准。

例如，鉴证企业运营情况（包括内部控制），缺乏相关标准，但可以确信，评价内部控制情况可以权威的内部控制规范作为标准。在这种情况下，注册会计师可以针对该方面（企业内部控制情况）执行该鉴证业务，但应当在鉴证报告中说明该报告的内容并非针对鉴证对象整体。

（2）能够选择或设计适用于鉴证对象的其他标准。

例如，鉴证对象是报社的运营情况，缺乏相关的标准，在这种情况下，注册会计师可以选择报纸发行量、刊登广告量等行业协会发布的有关报社效率或效果的关键指标作为标准。

（三）已承接的鉴证业务的变更

1. 对于已承接的鉴证业务，如果没有合理理由，注册会计师不应变更该业务的类型。

2. 变更业务类型的两种情况：

（1）将鉴证业务变更为非鉴证业务；

（2）将合理保证的鉴证业务变更为有限保证的鉴证业务。

3. 变更业务类型的三方面原因：

（1）业务环境变化影响到预期使用者的需要；

（2）预期使用者对该项业务的性质存在误解；

（3）业务范围受到限制。

已承接的鉴证业务，如果基于上述（1）、（2）种情况，通常认为是业务变更的合理理由，注册会计师应当同意变更该业务。

如果有迹象表明该变更要求与错误的、不完整的或不能令人满意的信息有关，注册会计师不应当认为变更是合理的。

4. 同意变更或不同意变更的影响：

（1）如果注册会计师同意变更业务，不应忽视变更前获取的证据。

（2）如果注册会计师同意变更业务，还应考虑变更业务对法律责任或业务约定书的影响。

（3）如果业务变更引起业务约定书条款变更，注册会计师应当与委托人就新条款达成一致意见。

（4）如果注册会计师不同意变更业务，委托人又不同意注册会计师执行原鉴证业务，注册会计师应考虑解除业务约定，并考虑是否向委托单位董事会或股东大会等说明理由。

三、鉴证业务要素

鉴证业务要素包括三方关系人、鉴证对象、标准、证据、鉴证报告五个方面。

（一）鉴证业务的三方关系人

鉴证业务的三方关系人是指注册会计师、责任方和预期使用者。

1. 注册会计师

注册会计师通常指取得注册会计师证书并在会计师事务所执业的人员，有时也指其所在的会计师事务所。

2. 责任方

责任方的界定与所执行鉴证业务的类型有关。

（1）在直接报告业务中，责任方是指对鉴证对象负责的组织或人员。

如在系统鉴证业务中，注册会计师直接对系统的有效性进行评价，并出具鉴证报告，该业务的鉴证对象是被鉴证单位系统的有效性，责任方是对该系统负责的组织或人员。

（2）在基于责任方认定的业务中，责任方是指对鉴证对象信息负责的组织或人员，该组织或人员可能同时也对鉴证对象负责。

如企业聘请注册会计师对企业管理层编制的持续经营报告进行鉴证，鉴证对象信息为持续经营报告，由该企业的管理层负责，企业管理层为责任方。该业务的鉴证对象为企业的持续经营状况，它同样由企业的管理层负责。

再如，某政府组织聘请注册会计师对某企业的持续经营报告进行鉴证，该持续经营报告由该政府组织编制并颁发给预期使用者，在该业务中，鉴证对象信息由该政府负责，该政府组织为责任方，该业务的鉴证对象为企业的持续经营状况，责任方即该政府组织却无需为它负责。

3. 预期使用者

（1）预期使用者是指预期使用鉴证报告的组织或人员。责任方可能是预期使用者，但不是唯一的预期使用者。

（2）注册会计师识别预期使用者的方式：根据法律法规的规定确认预期使用者；根据与委托人签订的协议确认预期使用者。当鉴证业务服务于特定的使用者或具有特定目的时，如企业向银行贷款等，注册会计师很容易识别银行为预期使用者。在大多数情况下，注册会计师无法识别使用鉴证报告的所有组织和人员，尤其在各种可能的预期使用者对鉴证对象存在不同的利益需求时，如对上市公司的审计等。

（3）对预期使用者范围的界定：那些与鉴证对象有重要和共同利益的主要利益相关者。

4. 三方关系人之间的关系

注册会计师对由责任方负责的鉴证对象或鉴证对象信息提出结论，以加强除责任方之外的预期使用者对鉴证对象信息的信任程度。

在某些情况下，责任方和预期使用者来自同一企业，也并不意味着二者就是同一方。如某公司同时设有董事会和监事会，监事会需要对董事会和管理层提供的信息进行监督。

由于鉴证结论有利于提高鉴证对象信息的可信性，有可能对责任方有用，因此，责任方也会成为预期使用者之一，但不是唯一的预期使用者。如财务报表审计，责任方是被审计单位的管理层，此时被审计单位管理层是审计报告的预期使用者之一，但同时预期使用者还包括企业的股东、债权人、监管机构等。

是否存在三方关系人是判断某项业务是否属于鉴证业务的重要标准之一，

如果某项业务不存在除责任方之外的其他预期使用者，该项业务不构成一项鉴证业务。

鉴证业务还会涉及委托人，但委托人不是单独存在的一方，委托人通常是预期使用者之一，委托人也可能由责任方担任。

（二）鉴证对象

鉴证对象具有多种不同的表现形式，可能是财务或非财务业绩或状况、物理特征、系统与过程、行为等，不同鉴证对象具有不同特征。

鉴证对象信息是按照标准对鉴证对象进行评价和计量的结果。例如，责任方按照会计准则和会计制度（标准）对其财务状况、经营成果和现金流量（鉴证对象）进行确认、计量和列报，形成财务报表（鉴证对象信息）。又如，注册会计师按照适当依据（标准），直接对内部控制有效性（鉴证对象）进行评价，出具鉴证报告，该报告反映内部控制有效性的信息（鉴证对象信息）。

1. 鉴证对象与鉴证对象信息的形式

鉴证对象与鉴证对象信息具有多种形式，主要包括：

（1）当鉴证对象为财务业绩或状况时（如历史或预测的财务状况、经营成果和现金流量），鉴证对象信息是财务报表；

（2）当鉴证对象为非财务业绩或状况时（如企业的运营情况），鉴证对象信息可能是反映效率或效果的关键指标；

（3）当鉴证对象为物理特征时（如设备的生产能力），鉴证对象信息可能是有关鉴证对象物理特征的说明文件；

（4）当鉴证对象为某种系统和过程时（如企业的内部控制或信息技术系统），鉴证对象信息可能是关于其有效性的认定；

（5）当鉴证对象为一种行为时（如遵守法律法规的情况），鉴证对象信息可能是对法律法规遵守情况或执行效果的声明。

2. 鉴证对象的特征

鉴证对象具有不同特征，可能表现为定性或定量、客观或主观、历史或预测、时点或期间。例如：当鉴证对象为历史信息时，其特征是客观的、历史的；当鉴证对象为预测信息时，其特征是主观的、预测的；当鉴证对象为财务业绩时，其特征是定量的；当鉴证对象为注册资本的实收情况时，其特征是时点的；当鉴证对象为某内部控制过程时，其特征是期间的；当鉴证对象为遵守法律法规的情况时，其特征是定性的。

3. 鉴证对象特征可能产生的影响

（1）按照标准对其进行评价和计量的准确性产生影响；

(2) 证据的说服力。

一般而言，如果鉴证对象的特征表现为定量的、客观的、历史的或时点的，评价和计量的准确性相对较高，注册会计师获取证据的说服力相对较强，获得的保证水平也较高。

注册会计师应当在鉴证报告中说明与预期使用者特别相关的鉴证对象特征。特别相关指如果不在鉴证报告中说明鉴证对象的这一特征，将可能导致预期使用者对鉴证业务产生误解。如企业在首次公开发行股票时，其招股说明书中的预测性财务信息可能需要经注册会计师审核，提供有关拟上市公司预计收益的情况，那么该鉴证对象的预测性特征对于预期使用者来说就是特别相关的。

4. 鉴证对象应具备的条件

适当的鉴证对象应当同时具备下列三个条件：

(1) 鉴证对象可以识别。例如某企业委托对其某生产线（车间）经营情况鉴证，由于不独立核算，因而无法识别（鉴证）其经营情况。

(2) 不同的组织或人员对鉴证对象按照既定标准进行评价或计量的结果合理一致。

(3) 注册会计师能够收集与鉴证对象有关的信息，获取充分、适当的证据，以支持其提出适当的鉴证结论。

不适当的鉴证对象应当采取如下三项对策：

(1) 不适当的鉴证对象可能误导预期使用者，注册会计师可出具保留或否定的结论；

(2) 不适当的鉴证对象可能造成工作范围受到限制，注册会计师可出具保留或无法表示的结论；

(3) 在适当情况下，注册会计师可考虑解除业务约定。

(三) 标准

1. 标准的定义

标准是指用于评价或计量鉴证对象的基准，当涉及列报时，还包括列报的基准。标准是鉴证业务不可或缺的要素。

需要指出的是，对同一鉴证对象进行评价或计量时，并不一定要选择同一个标准。如要评价消费者满意度这一鉴证对象，某些责任方或注册会计师可能会以消费者投拆的次数作为衡量标准，而另外一些责任方或注册会计师可能会选择消费者在初始购买后的三个月内重复购买的数量作为衡量标准。

2. 标准的类型

标准可分为正式的规定和非正式的规定两类。

正式的规定通常是一些“既定”的标准，是由法律法规规定或经政府认可的专业团体公开发布的。如编制财务报表时，其标准是权威机构发布的会计准则和相关会计制度；编制内部控制报告时，其标准可能是已确立的内部控制规范或指引；编制遵循性报告时，其标准可能是适用的法律法规。

非正式的规定通常是一些“专门制定”的标准，是针对具体业务“量身制做”的。如单位内部制定的行为准则或确定的绩效水平等。

3. 标准的特征

适当的标准应当具备下列五个特征：

（1）相关性。相关的标准有助于得出结论，便于预期使用者作出决策。

（2）完整性。完整的标准不应忽略业务环境中可能影响得出结论的相关因素，当涉及列报时，还包括列报的基准。

（3）可靠性。可靠的标准能够使能力相近的注册会计师在相似的业务环境中对鉴证对象作出合理一致的评价或计量。

（4）中立性。中立的标准有助于得出无偏向的结论。

（5）可理解性。可理解的标准有助于得出清晰、易于理解、不会产生重大歧义的结论。

注册会计师基于自身的预期、判断和个人经验对鉴证对象进行的评价和计量，不构成适当的标准。

3. 标准的评价

采用的标准类型不同，为评价该标准对于具体鉴证业务的适用性，注册会计师所需执行的工作也不同。

对正式的规定，注册会计师不需对其“适当性”进行评价，而只需评价该标准对具体业务的“适用性”；

对非正式的规定，注册会计师需要对标准本身的“适当性”进行评价，即是否具备上述五个特征。

在具体鉴证业务中，注册会计师需要运用职业判断力来评价标准各项特征的相对重要性。

4. 标准的获取

标准可以通过下列四种方式供预期使用者获取：

（1）公开发布；

（2）在陈述鉴证对象信息时以明确的方式表述；

（3）在鉴证报告中以明确的方式表述；

（4）常识理解。如计量时间的标准是小时或分钟。

如果确定的标准仅能为特定的预期使用者获取，或仅与特定目的相关，鉴证报告的使用也应限于这些特定的预期使用者或特定目的。

（四）证据

《鉴证业务基本准则》第七章对证据作出如下八个方面的原则性规范：

（1）证据总体要求；

（2）职业怀疑态度；

（3）证据的充分性、适当性；

（4）重要性；

（5）鉴证业务风险；

（6）证据收集程序的性质、时间和范围；

（7）可获取证据的数量和质量；

（8）记录。

详细内容将在以后章节介绍。

（五）鉴证报告

1. 出具鉴证报告的总体要求

注册会计师应当出具含有鉴证结论的书面报告，该鉴证结论应当说明注册会计师就鉴证对象信息获取的保证。

2. 鉴证结论的表述形式

（1）基于责任方认定业务与直接报告业务鉴证结论的表述方式。

在基于责任方认定的业务中，注册会计师的鉴证结论可以采用下列两种表述形式：明确提及责任方认定，如“我们认为，责任方作出的‘根据×标准，内部控制在所有重大方面是有效的’这一认定是公允的”；直接提及鉴证对象和标准，如“我们认为，根据×标准，内部控制在所有重大方面是有效的”。

在直接报告业务中，注册会计师应当明确提及鉴证对象和标准。

（2）合理保证鉴证业务与有限保证鉴证业务鉴证结论的表述方式。

在合理保证的鉴证业务中，注册会计师应当以积极方式提出结论。如“我们认为，责任方作出的‘根据×标准，内部控制在所有重大方面是有效的’这一认定是公允的”；或“我们认为，根据×标准，内部控制在所有重大方面是有效的”。

在有限保证的鉴证业务中，注册会计师应当以消极方式提出结论。如“基于本报告所述的工作，我们没有注意到任何事项使我们相信，责任方作出的‘根据×标准，×系统在所有重大方面是有效的’这一认定是不公允的”；或“基于本报告所述的工作，我们没有注意到任何事项使我们相信，根据×标准，×系统在任何重大方面是无效的”。

（3）鉴证结论的种类有：①无保留结论；②保留结论；③否定结论；④无法提出结论。

（4）注册会计师在以下五种情形下不能提出无保留结论：①工作范围受限；②责任方认定未在所有重大方面作出公允表达；③鉴证对象信息存在重大错报；④标准或鉴证对象不适当；⑤注册会计师姓名的使用。

第四节　国家审计准则

一、国家审计准则体系

（一）美国的国家审计准则

美国会计总署制定的国家审计准则由三部分组成：[1]

1. 财务与合法性审计

这部分准则确定：被审计机构提供的财务报表是否按公认会计原则真实公允地反映了该机构的财务状况和经营成果；被审计机构是否遵守了可能对财务报表有重要影响的有关法律和法规的规定。

2. 经济性和效率性审计

这部分准则确定：被审机构是否正在经济有效地管理和利用其资源；被审计机构工作效率不高和不经济性的原因何在；被审计机构是否遵守了有关经济性和效率性问题的法律和法规。

3. 计划项目效果审计

这部分准则确定：国家投资项目是否达到由议会或其他权力机关确定的预期结果和效益；被审计机构是否考虑了可能以较低成本达到预期效果的其他可供选择的办法。

在上述审计准则中，第一部分内容的特点和要求与美国的民间审计准则基本相同，第二、三部分则是民间审计准则中所没有的，这是国家审计准则的特色。

（二）我国的国家审计准则体系

我国的国家审计准则体系是我国审计法律规范体系的组成部分，它由国家审计基本准则、通用审计准则和专业审计准则、审计指南三个部分组成。

1. 国家审计基本准则

国家审计基本准则是制定其他审计准则和审计指南的依据，是我国国家

〔1〕 文硕．世界审计史［M］．北京：企业管理出版社，1996.

审计准则的总纲，是审计机关和审计人员依法办理审计事项时应当遵循的行为规范，是衡量审计质量的基本尺度。

2. 通用审计准则和专业审计准则

通用审计准则是依据国家审计基本准则制定的，是审计机关和审计人员在依法办理审计事项、提交审计报告、评价审计事项、出具审计意见书、作出审计决定时应当遵循的一般具体规范。

专业审计准则是依据国家审计基本准则制定的，是审计机关和审计人员依法办理不同行业的审计事项时，在遵循通用审计准则的基础上同时应当遵循的特殊具体规范。

3. 审计指南

审计指南是对审计机关和审计人员办理审计事项提出的审计操作规程和方法，为审计机关和审计人员从事专门审计工作提供可操作的指导性意见。

二、我国的国家审计基本准则

国家审计的基本准则共有6章47条，第一章是总则，共有5条内容；第二、三、四、五章分别为一般准则、作业准则、报告准则和审计报告处理准则，共40条，是内部审计基本准则的核心内容；第六章是附则，共2条内容。

（一）一般准则

（1）一般准则是审计机关及其审计人员应当具备的资格条件和职业要求。

（2）审计机关办理审计事项，应当具备下列条件：独立的审计组织和具备相应业务能力的审计人员；法定的职责和权限；健全的审计质量控制制度和执法过错责任追究制度；必需的经费保证。

（3）承办审计业务的审计人员应当具备下列条件：熟悉有关法律、法规和政策；掌握审计及其他相关专业知识；有一定的审计或其他相关专业工作经验；具有调查研究、综合分析、专业判断和文字表达能力。

（4）审计机关和审计人员办理审计事项，应当客观公正，实事求是，保持应有的独立性和职业谨慎。

（5）审计机关及其审计人员不得参与被审计单位的行政或经营管理活动。在审计过程中，必须遵守有关廉政纪律的规定。

（6）审计人员办理审计事项，与被审计单位或者审计事项有直接利害关系的，应当回避。

（7）审计人员应当保持严谨的职业态度，保守其在执行职务中知悉的国家秘密和商业秘密。在执行业务中取得的相关资料不得用于与审计工作无关的目的。

（8）审计机关录用的审计人员，应当经过专业培训，考核合格后才能承办审计业务。

审计机关应当建立和实施继续教育、培训制度，保证审计人员具有较高的政治素质、必要的专业知识和业务能力。

（9）审计署和省级审计机关应当建立审计专业技术资格考试、评审制度。

（二）作业准则

（1）作业准则是审计机关和审计人员在审计计划、准备和实施阶段应当遵循的行为规范。

（2）审计机关根据法律、法规和国家其他有关规定，按照上级审计机关和本级人民政府的职责，确定审计工作重点，编制年度审计项目计划。

地方审计机关的年度审计项目计划，应当报送上一级审计机关备案。

（3）审计机关根据年度审计项目计划，确定审计事项，选派审计人员组成审计组，并指定审计组组长。审计组实行审计组组长或者主审负责制。

（4）审计组在实施审计前应当熟悉与审计事项有关的法律、法规和政策，了解被审计单位的基本情况，编制审计方案。

编制审计方案应当运用重要性原则、谨慎性原则，在评估审计风险的基础上，围绕审计目标确定审计的范围、内容、方法和步骤。

（5）审计方案经审计组所在部门领导审核，报审计机关主管领导批准后，由审计组负责实施。

（6）审计机关应当在实施审计 3 日前，向被审计单位送达审计通知书。

（7）审计机关应当建立健全承诺制度。

审计机关向被审计单位送达审计通知书时，应当书面要求被审计单位法定代表人和财务主管人员就与审计事项有关的会计资料的真实、完整和其他相关情况作出承诺。在审计过程中，审计组还可以根据情况向被审计单位提出书面承诺要求。

审计组及其审计人员应当将被审计单位交回的承诺书作为审计证据编入审计工作底稿。

（8）审计组实施审计时，应当深入了解被审计单位的情况，对其内部控制进行测试，以进一步确定审计重点和审计方法。必要时，可以按规定及时修改审计方案。

（9）审计组和审计人员实施审计时，可以利用经核实确认后的内部审计机构或者社会审计机构的审计结果。

（10）审计组和审计人员实施审计时，可以运用检查、监盘、观察、查询及函证、计算、分析性复核等方法，审查被审计单位银行开户、会计凭证、会计账簿、会计报表，查阅与审计事项有关的文件、资料，检查现金、实物、有价证券和被审计单位运用电子计算机管理财政收支、财务收支的财务会计核算系统，取得审计证据。

审计人员向有关单位和个人进行调查询问时，应当出示审计人员的工作证件和审计通知书副本。

对审计事项进行调查时，审计人员不得少于2人。

（11）审计组和审计人员在审计中如有特殊需要，可以聘请专门机构或有专门知识且符合审计人员条件的人员参与某些特殊项目的审计。

（12）审计组和审计人员在计算机信息系统环境下进行审计，不应改变审计方案确定的审计目标和范围。

（13）审计人员实施审计时，应当对审计工作中的重要事项以及审计人员的专业判断进行记录，编制审计工作底稿，并对审计工作底稿的真实性负责。

（14）审计组对实施审计过程中遇到的重大问题，应当及时向审计机关请示汇报。

（15）审计机关应当对审计组的审计工作情况进行监督检查，对审计组及其审计人员在审计过程中的重大过失和违法行为，应当追究其责任。

（三）报告准则

（1）报告准则是审计组反映审计结果、提出审计报告以及审计机关审定审计报告时应当遵循的行为规范。

（2）审计组向审计机关提交审计报告前，应当征求被审计单位对审计报告的意见。被审计单位自收到审计报告之日起10天内，提出书面意见；在规定期限内没有提出书面意见的，视同无异议，并由审计人员予以注明。

被审计单位对审计报告有异议的，审计组应当进一步研究、核实。如有必要，应当修改审计报告。

（3）审计组对审计事项实施审计结束后，应当及时向审计机关提出审计报告；提出的时间一般不得超过60日。

审计组应当将审计报告、被审计单位对审计报告的书面意见及审计组的书面说明，一并报送审计机关。

（4）审计机关应当建立健全审计报告的复核制度，设立专门机构或配备专门人员，对审计报告进行复核。

复核机构或者复核人员复核审计报告后，应当提出复核意见，并作出复核工作记录。

（5）审计报告经复核后，由审计机关审定。一般审计事项的审计报告，

可以由审计机关主管领导审定；重大审计事项的审计报告，应当由审计机关业务会议审定。

(6) 审计机关对审计报告中的下列事项进行审定：与审计事项有关的事实是否清楚；被审计单位对审计报告的意见和复核机构或者复核人员提出的复核意见是否正确；审计评价是否恰当；定性、处理、处罚意见是否准确、合法、适当。

(四) 审计报告处理准则

(1) 审计报告处理准则是审计机关审定审计报告后，对审计事项作出评价，出具审计意见书，对违反国家规定的财政收支、财务收支行为以及违反《审计法》的行为，作出处理、处罚的审计决定，或者提出审计建议以及报告审计工作时应当遵循的行为规范。

(2) 审计机关审定审计报告后，应当根据不同情况，分别作出以下处理：对被审计单位财政收支、财务收支的真实性、合法性、效益性作出评价，提出被审计单位的自行纠正事项和改进建议，出具审计意见书；对有违反国家规定的财政收支、财务收支行为需要依法给予处理、处罚的，还应当对违反国家规定的财政收支、财务收支行为，依法作出处理、处罚的审计决定，制作审计决定书。对被审计单位违反国家规定的财政收支、财务收支行为在两年内未被发现的，审计机关不再给予处罚，但可以依法作出处理；对被审计单位违反国家规定的财政收支、财务收支行为及其负有直接责任的主管人员和其他直接责任人员，审计机关认为应当由有关主管机关处理、处罚的，作出审计建议书，向有关机关提出处理、处罚意见；对被审计单位的财政收支、财务收支行为和负有直接责任的主管人员、其他直接责任人员违反法律、行政法规的规定，涉嫌犯罪的，作出移送处理书，由司法机关追究责任人的刑事责任；对审计工作中发现的与宏观经济管理有关的重要问题和重大的违法违纪问题，审计机关应当向本级人民政府和上一级审计机关提出专题报告。

(3) 审计机关对被审计单位和有关责任人员违反国家规定的财政收支、财务收支行为，作出较大数额罚款的审计决定之前，应当告知被审计单位和有关责任人员有权在 3 日内要求举行听证；被审计单位和有关责任人员要求听证的，审计机关应当组织听证。

(4) 审计机关出具审计意见书、作出审计决定前，应当由复核机构或者专职复核人员对审计意见书、审计决定书、审计建议书和移送处理书代拟稿进行复核。

(5) 审计处理的种类：责令限期缴纳、上缴应当缴纳或上缴的财政收入；

责令限期退还违法所得；责令限期退还被侵占的国有资产；责令冲转或者调整有关会计账目；依法采取其他处理措施。

（6）审计处罚的种类：警告、通报批评；罚款；没收违法所得；依法采取其他处罚措施。

（7）审计机关应当自收到审计报告之日起30日内，将审计意见书和审计决定送达被审计单位和有关单位。

审计决定自送达之日起生效，一般应于90日内执行完毕。特殊情况下，审计决定执行完毕的时间可以适当延长，但必须报经审计机关批准。

审计机关应当自审计意见书和审计决定送达之日起90日内，了解审计意见的采纳情况，监督检查审计决定的执行情况；如发现被审计单位超过90日未执行审计决定的，审计机关应当报告人民政府或者提请有关主管部门在法定职权范围内依法作出处理，或者向人民法院提出强制执行的申请。

（8）被审计单位对审计机关作出的具体行政行为不服的，可以申请复议。

被审计单位对地方审计机关作出的具体行政行为不服的，应当先向上一级审计机关或者本级人民政府申请复议；但对地方性法规规定或者本级人民政府交办的事项不服的，应当先向本级人民政府申请复议；对审计署作出的具体行政行为不服的，应当先向审计署申请复议。

审计机关按照有关规定，办理审计复议事项。

（9）审计机关每年应当向本级人民政府和上一级审计机关提出上一年度本级预算执行情况和其他财政收支的审计结果报告。

（10）审计机关应当按照本级人民代表大会常务委员会的安排，受本级人民政府的委托，每年向本级人民代表大会常务委员会提出审计机关对上一年度本级预算执行和其他财政收支的审计工作报告。

第五节　内部审计准则

一、内部审计准则体系

（一）国际内部审计准则体系

国际内部审计准则由国际内部审计师协会制定和颁布。1978年初次发布及1993年修订版都包括独立性、职业熟练性、工作范围、审计工作的执行和内部审计部门的管理五个部分的内容。2001年新颁布的《内部审计实务标准》由三部分组成，即属性标准、工作标准和实施标准（实务公告）。

1. 属性标准。属性标准说明了开展内部审计活动的机构及人员的特点，

具体包括：宗旨、权力和职责；独立性与客观性；熟练性与应有的职业审慎性；质量保证与改进项目。

2. 工作标准。工作标准描述了内部审计活动的性质并提出了衡量内部审计活动开展的质量准绳，具体包括：管理内部审计活动；工作性质；审计业务计划；开展审计业务；报告审计结果；监测进程；管理层对风险的接受。

3. 实施标准（实务公告）。实施标准是对属性标准和工作标准的解释和说明。

属性标准和工作标准从总体上说明了内部审计服务；实施标准是前两者在特定类型的审计活动中的具体体现（如合规性审计、舞弊调查或控制自我评价项目）。

（二）我国的内部审计准则体系

我国的内部审计准则是我国内部审计工作规范体系的重要组成部分，由内部审计基本准则、内部审计具体准则、内部审计实务指南三个部分组成。

1. 内部审计基本准则

内部审计基本准则是内部审计准则的总纲，是内部审计机构和人员进行内部审计时应遵循的基本规范，是制定内部审计具体准则、内部审计实务指南的基本依据。

2. 内部审计具体准则

内部审计具体准则是依据内部审计基本准则制定的，是内部机构和人员在进行内部审计时应当遵循的具体规范。

3. 内部审计实务指南

内部审计指南是依据内部审计基本准则、内部审计具体准则制定的，为内部审计机构和人员进行内部审计提供具有可操作性的指导意见。

二、我国内部审计基本准则

我国内部审计基本准则共有 6 章 27 条。第一章是总则，共有 3 条内容；第二、三、四、五章分别为一般准则、作业准则、报告准则和内部管理准则，共 22 条，是内部审计基本准则的核心内容；第六章是附则，共 2 条内容。

（一）一般准则

（1）内部审计机构的设置应考虑组织的性质、规模、内部治理结构及相关规定，并配备一定数量具有执业资格的内部审计人员。

（2）内部审计机构应建立有效的质量控制制度，并积极了解、参与组织的内部控制建设。

(3) 内部审计人员应具备必要的学识及业务能力，熟悉本组织的经营活动和内部控制，并不断通过后续教育来保持和提高专业胜任能力。

(4) 内部审计人员应当遵循职业道德规范，并以应有的职业谨慎态度执行内部审计业务。

(5) 内部审计机构和人员应保持独立性和客观性，不得负责被审计单位经营活动和内部控制的决策与执行。

(6) 内部审计人员应具有较强的人际交往技能，能恰当地与他人进行有效的沟通。

(二) 作业准则

(1) 内部审计人员在审计过程中，应充分考虑重要性与审计风险的问题。

(2) 内部审计人员应在考虑组织风险、管理需要及审计资源的基础上，制定审计计划，对审计工作作出合理安排。

(3) 内部审计人员在实施审计前，应向被审计单位送达内部审计通知书，并做好必要的审计准备工作。

(4) 内部审计人员应深入调查、了解被审计单位的情况，采用抽样审计等方法，对其经营活动及内部控制的适当性、合法性和有效性进行测试。

(5) 内部审计人员可以运用审核、观察、询问、函证和分析性复核等方法，获取充分、相关、可靠的审计证据，以支持审计结论和建议。

(6) 内部审计人员在审计过程中应积极利用计算机进行辅助审计。在计算机信息系统下进行审计，不应改变审计计划确定的目标和范围。

(7) 内部审计人员应将审计程序和执行过程及收集和评价的审计证据，记录于审计工作底稿。

(三) 报告准则

(1) 内部审计人员应在实施必要的审计程序后，出具审计报告。审计报告的编制应当以经过核实的审计证据为依据，做到客观、完整、清晰、及时、具有建设性，并体现重要性原则。

(2) 审计报告应说明审计目的、范围，提出结论和建议，并应当包括被审计单位的反馈意见。

(3) 审计报告应声明内部审计是按照中国内部审计准则的规定实施，若存在未遵循该准则的情形，审计报告应对其作出解释和说明。

(4) 内部审计机构应建立审计报告的分级复核制度，明确规定各级复核的要求和责任。

(5) 内部审计人员应进行后续审计，促进被审计单位对审计发现的问题及时采取合理、有效的纠正措施。

（四）内部管理准则

（1）内部审计机构负责人应确定年度审计工作目标，制定年度审计计划，编制人力资源计划和财务预算。

（2）内部审计机构负责人应根据《审计署关于内部审计工作的规定》和我国内部审计准则，结合本组织的实际情况，制定审计工作手册，以指导内部审计人员的工作。

（3）内部审计机构负责人应建立内部激励约束制度，对内部审计人员的工作进行监督、考核，评价其工作业绩。

（4）内部审计机构负责人应在组织适当管理层的支持和监督下，做好与外部审计的协调工作。

通过研究不同审计主体的审计准则，我们可以得出下述结论：

1. 审计准则是对审计主体行为进行的规范，是审计主体执行审计业务的根本要求，无论何种审计主体，执行审计业务都必须遵守其审计准则。

2. 国家审计准则和内部审计准则的内容在很大程度上参考了民间审计准则，民间审计准则的内容构成了国家审计准则和内部审计准则的主要框架。

3. 国家审计准则与民间审计准则的主要区别在于：

（1）民间审计一般只涉及财务审计，而国家审计不仅包括财务审计，还包括经济效益审计，即国外的“三 E”审计；

（2）我国的国家审计准则规范了国家审计主体的处理处罚权，而民间审计准则没有这方面的规范。

复习思考题

1. 什么是鉴证业务？与相关服务业务有何区别？
2. 基于责任方认定的业务和直接报告业务的主要区别有哪些？
3. 合理保证的鉴证业务和有限保证的鉴证业务的主要区别有哪些？
4. 注册会计师承接鉴证业务应当同时具备哪些条件？
5. 鉴证业务的要素有哪些？
6. 审计机关审计处理处罚的种类有哪些？
7. 国家审计准则与民间审计准则和内部审计准则的区别有哪些？

4 CHAPTER 第四章 职业道德与法律责任

第一节 注册会计师职业道德规范

一、注册会计师职业道德含义

职业道德是某一职业组织以公约、守则等形式公布的，其会员自愿接受的职业行为标准。注册会计师职业道德，是指注册会计师职业品德、职业纪律、专业胜任能力及职业责任等的总称。

为了向社会昭示注册会计师应达到的道德水准，英美等发达国家相继制定了为大家普遍接受的职业道德准则，国际会计师联合会道德委员会也制定了国际职业会计师道德准则。

中国注册会计师协会自1988年成立以来，一直非常重视注册会计师的职业道德规范建设。1992年，发布了《中国注册会计师职业道德守则（试行）》；1996年12月26日，发布了《中国注册会计师职业道德基本准则》，于1997年1月1日起实施；为解决注册会计师职业中违反职业道德的现象，2002年6月25日，发布了《中国注册会计师职业道德规范指导意见》，于2002年7月1日起施行。

二、我国注册会计师职业道德基本准则

(一) 一般原则：独立、客观、公正

1. 独立

独立性是指注册会计师执行审计业务或其他鉴证业务应当保持实质上和形式上的独立。所谓实质上的独立，是要求注册会计师与客户之间必须实实在在地毫无利害关系，本质上是指注册会计师在审计过程中保持的一种公正无偏的态度，一种在履行专业和发表审计意见时不依赖和屈服于外界的压力的精神状态。所谓形式上的独立，是对第三者而言的，注册会计师必须在第三者面前呈现一种独立于客户的身份，即在他人看来注册会计师是独立的。

实质上的独立和形式上的独立是两个不同的概念，但又密不可分。实质上的独立性是无形的，难以测量的；而形式上的独立性是有形的，可以观察的。注册会计师在执业审计时，不仅要保持实质上的独立，而且要保持形式上的独立。因为实质上的独立只有当注册会计师在整个审计过程中真正保持中立时才成立，而形式上的独立则是社会公众对注册会计师独立性评判的结果。在现实中，即使注册会计师事实上保持了实质上的独立，但如果社会公众认为其偏袒了委托人或其他任何一方而有悖于形式上的独立，则审计结果再正确也是徒劳的，其服务也是没有价值的。因此，形式上的独立是实质上的独立的重要保证，也是社会公众评价注册会计师工作，进而决定对注册会计师信赖与否的标准。

2. 客观

客观性是指注册会计师执行业务时，应当实事求是，不为他人所左右，也不得因个人好恶影响其分析、判断的客观性。

3. 公正

公正性是指注册会计师执行业务时，应当正直诚实，不偏不倚地对待有关利益各方。

独立、客观、公正三者相辅相成，密不可分。独立性是注册会计师执行鉴证业务的灵魂，是客观、公正的前提，没有独立性，就没有客观、公正；客观性是态度，公正性是品质，虽有独立性，也可能缺乏客观、公正。

（二）专业胜任能力和应有的关注

1. 专业胜任能力

注册会计师应当具有一定的专业知识、技能或经验，能够胜任承接的工作。

2. 应有的关注

应有的关注要求注册会计师在执业过程中保持应有的职业谨慎，以质疑的思维方式评价所获取证据的有效性，并对产生怀疑的证据保持警觉。

（三）保密

注册会计师与客户的沟通必须建立在为客户信息保密的基础上。因此，注册会计师在签订业务约定书时，应当书面承诺对在执行业务过程中获知的客户信息保密。这里所说的客户信息，通常是指商业秘密。

（四）职业行为

1. 对社会公众的责任

注册会计师应当遵守职业道德准则，履行相应的社会责任，维护社会公众利益。

2. 对客户的责任

注册会计师对社会公众履行责任的同时，也对客户承担着特殊的责任，包括：

（1）注册会计师应当在维护社会公众利益的前提下竭诚为客户服务。

（2）注册会计师应当按照业务约定履行对客户的责任。

（3）注册会计师应当对执行业务过程中知悉的商业秘密保密，并不得利用其为自己或他人谋取利益。

（4）除有关法规允许的情形外，会计师事务所不得以或有收费形式为客户提供鉴证服务。

3. 对同行的责任

对同行的责任是指会计师事务所、注册会计师在处理与其他会计师事务所、注册会计师相互关系中所应遵循的道德标准，包括：

（1）注册会计师应当与同行保持良好的工作关系，配合同行工作。

（2）注册会计师不得诋毁同行，不得损害同行利益。

（3）会计师事务所不得雇用正在其他会计师事务所执业的注册会计师。注册会计师不得以个人名义同时在两家或两家以上的会计师事务所执业。

（4）会计师事务所不得以不正当手段与同行争揽业务。

4. 其他责任

注册会计师应当维护职业形象，不得有损害职业形象的行为，包括：

（1）注册会计师应当维护职业形象，不得有可能损害职业形象的行为。

（2）注册会计师及其所在会计师事务所不得采用强迫、欺诈、利诱等方式招揽业务。

（3）注册会计师及其所在会计师事务所不得对其能力进行广告宣传以招揽业务。

（4）注册会计师及其所在会计师事务所不得以向他人支付佣金等不正当方式招揽业务，也不得向客户或通过客户获取服务费之外的任何利益。

（5）会计师事务所、注册会计师不得允许他人以本所或本人的名义承办业务。

（五）技术准则

注册会计师应当遵守以下技术准则：

（1）中国注册会计师执业准则；

（2）企业会计准则；

（3）与执业相关的其他法律、法规和规章。

第二节 国家审计人员和内部审计人员的职业道德规范

一、国家审计人员职业道德规范

（一）审计人员职业道德的含义

审计人员职业道德是指审计机关审计人员的职业品德、职业纪律、职业胜任能力和职业责任。

（二）国家审计人员职业道德规范的内容

1. 审计人员应当依照法律规定的职责、权限和程序，进行审计工作，并遵守国家审计准则。

2. 审计人员办理审计事项，应当客观公正、实事求是、合理谨慎、职业胜任、保守秘密、廉洁奉公、恪尽职守。

3. 审计人员在执行职务时，应当保持应有的独立性，不受其他行政机关、社会团体和个人的干涉。

4. 审计人员办理审计事项，与被审计单位或者审计事项有直接利害关系的，应当按照有关规定回避。

5. 审计人员在执行职务时，应当忠诚老实，不得隐瞒或者曲解事实。

6. 审计人员在执行职务特别是作出审计评价、提出处理处罚意见时，应当做到依法办事，实事求是，客观公正，不得偏袒任何一方。

7. 审计人员应当合理运用审计知识、技能和经验，保持职业谨慎，不得对没有证据支持的、未经核清事实的、法律依据不当的和超越审计职责范围的事项发表审计意见。

8. 审计人员应当具有符合规定的学历，通过岗位任职资格考试，具备与从事的审计工作相适应的专业知识、职业技能和工作经验，并保持和提高职业胜任能力，不得从事不能胜任的业务。

9. 审计人员应当遵守审计机关的继续教育和培训制度，参加审计机关举办或者认可的继续教育、岗位培训活动，学习会计、审计、法律、经济等方面的新知识，掌握与从事工作相适应的计算机、外语等技能。

10. 审计人员参加继续教育、岗位培训，应当达到审计机关规定的时间和质量要求。

11. 审计人员对其执行职务时知悉的国家秘密和被审计单位的商业秘密，

负有保密的义务。在执行职务中取得的资料和审计工作记录，未经批准不得对外提供和披露，不得用于与审计工作无关的目的。

12. 审计人员应当遵守国家的法律、法规和规章以及审计工作纪律和廉政纪律。

13. 审计人员应当认真履行职责，维护国家审计的权威，不得有损害审计机关形象的行为。

审计人员应当维护国家利益和被审计单位的合法权益。

14. 审计人员违反职业道德，由所在审计机关根据有关规定给予批评教育、行政处分或者纪律处分。

二、内部审计人员职业道德规范

（一）内部审计人员职业道德的含义

内部审计人员职业道德是指内部审计人员的职业品德、职业纪律、专业胜任能力及职业责任等的总称。

（二）我国内部审计人员职业道德的基本内容

1. 内部审计人员在履行职责时，应当严格遵守我国内部审计准则及我国内部审计协会制定的其他规定。

2. 内部审计人员不得从事损害国家利益、组织利益和内部审计职业荣誉的活动。

3. 内部审计人员在履行职责时，应当做到独立、客观、正直和勤勉。

4. 内部审计人员在履行职责时，应当保持廉洁，不得从被审计单位获得任何可能有损职业判断的利益。

5. 内部审计人员应当保持应有的职业谨慎，并合理使用职业判断。

6. 内部审计人员应当保持和提高专业胜任能力，必要时可聘请有关专家协助。

7. 内部审计人员应诚实地为组织服务，不做任何违反诚信原则的事情。

8. 内部审计人员应当遵循保密性原则，按规定使用其在履行职责时所获取的资料。

9. 内部审计人员在审计报告中应客观地披露所了解的全部重要事项。

10. 内部审计人员应具有较强的人际交往技能，妥善处理好与组织内外相关机构和人士的关系。

11. 内部审计人员应不断接受后续教育，提高服务质量。

第三节　注册会计师的法律责任

一、注册会计师法律责任概述

（一）注册会计师法律责任的含义

注册会计师法律责任，是指注册会计师在审计过程中，由于没有遵循注册会计师执业准则、规则的要求，导致审计失败，而对委托人及利益相关的第三者应负的责任。

（二）注册会计师法律责任形成原因

导致注册会计师承担法律责任的主要原因是注册会计师违约、过失和欺诈。

1. 违约

所谓违约，是指未能达到合同条款（审计业务约定书）的要求。

当违约给他人造成损失时，注册会计师应负违约责任。比如，会计师事务所在商定的期间内，未能提交纳税申报表，或违反了与被审计单位订立的保密协议等。

2. 过失

所谓过失，是指在一定条件下，缺少应具有的合理的谨慎。评价注册会计师的过失，是以其他合格注册会计师在相同条件下可做到的谨慎为标准的。当过失给他人造成损失时，注册会计师应负过失责任。

通常将过失按其程度不同分为普通过失和重大过失。

（1）普通过失。普通过失也称“一般过失”，通常是指没有保持职业上应有的合理的谨慎；对注册会计师则是指没有完全遵循专业准则的要求。比如未按特定审计项目取得必要和充分的审计证据就出具审计报告的情况，可视为普通过失。

（2）重大过失。重大过失是指连起码的职业谨慎都不保持，对业务或事务不加考虑，满不在乎；对注册会计师而言，则是指根本没有遵循专业准则或没有按专业准则的基本要求执行审计。

另外，还有一种过失叫“共同过失”，即对他人过失，受害方自己未能保持合理的谨慎，因而蒙受损失。比如被审计单位未能向注册会计师提供编制纳税申报表所必要的信息，后来又控告注册会计师未能妥当地编制纳税申报表，这种情况可能使法院判定注册会计师与被审计单位有共同过失。再如在审计中未能发现现金等资产短少时，被审计单位可以过失为由控告注册会计师，而注册会计师又可以说现金等问题是由缺乏适当的内部控制造成的，并以此为由来反击被审计单位的诉讼。

3. 欺诈

欺诈又称舞弊，是以欺骗或坑害他人为目的的一种故意的错误行为。

具有不良作案动机是欺诈的重要特征，也是欺诈与普通过失和重大过失的主要区别之一。对注册会计师而言，欺诈就是为了达到欺骗他人的目的，明知委托单位的财务报表有重大错报，却加以虚伪的陈述，出具无保留意见的审计报告。

与欺诈相关的另一个概念是“推定欺诈”，又称“涉嫌欺诈”，是指虽无故意欺诈或坑害他人的动机，但却存在极端或异常的过失。

推定欺诈和重大过失这两个概念的界限往往很难界定，美国许多法院曾经将注册会计师的重大过失解释为推定欺诈，特别是近年来有些法院放宽了“欺诈”一词的范围，使得推定欺诈在法律上成为等效的概念。这样，具有重大过失的注册会计师的法律责任就进一步加大了。

（三）经营失败、审计失败和审计风险

1. 经营失败

经营失败是指企业由于各种原因（经济或经营条件的变化，如经济衰退、不当的管理决策或出现意料之外的行业竞争等）而无法满足投资者的预期（极端情况是申请破产）。

被审计单位在经营失败时，也可能会连累注册会计师。

2. 审计失败

审计失败是指注册会计师由于没有遵守审计准则的要求而发表了错误的审计意见。

3. 审计风险

审计风险是指财务报表中存在重大错报，而注册会计师发表不恰当审计意见的可能性。

由于审计中的固有限制影响注册会计师发现重大错报的能力，注册会计师不能对财务报表整体不存在重大错报获取绝对保证。特别是如果被审计单位管理层精心策划和掩盖舞弊行为，注册会计师尽管完全按照审计准则执业，有时还是不能发现某项重大舞弊行为。

在绝大多数情况下，当注册会计师未能发现重大错报并出具了错误的审计意见时，就可能产生注册会计师是否恪守应有的职业谨慎的法律问题。

如果注册会计师在审计过程中没有尽到应有的职业谨慎，就属于审计失败。在这种情况下，法律通常允许因注册会计师未尽到应有的职业谨慎而遭受损失的各方获得由审计失败导致的部分或全部损失的补偿。

但是，由于审计业务的复杂性，判断注册会计师未能尽到应有的谨慎也是一件困难的工作。尽管如此，注册会计师如果未能恪守应有的职业谨慎，通常因此承担责任，并可能致使会计师事务所也遭受损失。

（四）我国注册会计师法律责任的种类

1. 民事责任

民事责任是指注册会计师在执业中因违反注册会计师法规定的法定义务给委托人或相关利害关系人造成损失，应当依法承担的民事赔偿后果。

我国《证券法》第二百零二条规定，注册会计师及其事务所应就其所负责的内容（审计报告等文件）弄虚作假，造成损失的，应当承担连带经济赔偿责任。

2. 行政责任

行政责任是指注册会计师由于违反行政法律规范或不履行行政法律义务，依法应承担的行政法律后果。

《注册会计师法》规定，行政处罚对注册会计师个人来说，包括警告、暂停执业、吊销注册会计师证书；对会计师事务所而言，包括警告、没收违法所得、罚款、暂停执业、撤销等。

3. 刑事责任

刑事责任是指注册会计师因其犯罪行为所必须承受的，由司法机关代表国家所确定的否定性法律后果。

我国《刑法》第二百二十九条规定，承担资产评估、验资、验证、会计、审计、法律服务等职责的中介组织的人员故意提供虚假证明文件，情况严重的，处5年以下有期徒刑或者拘役，并处罚金。

二、美国注册会计师的民事法律责任

（一）习惯法下注册会计师的民事法律责任

1. 注册会计师对委托人的责任

在习惯法下，如果由于注册会计师的过失（即使是普通过失）给委托单位造成了经济损失，注册会计师对于委托单位就负有法律责任。

在习惯法下，委托单位一旦对注册会计师提起诉讼就负有举证责任，即必须向法院证明其已受到损失，以及这种损失是由于注册会计师的过失造成的。

2. 注册会计师对受益第三者的责任

在习惯法下，受益第三者同样具有委托人和会计师事务所所订合同中的权利，因而也享有同等的追索权。

所谓受益第三者，主要是指业务约定书中所指明的人，但此人既非要约人，又非承诺人。例如，注册会计师知道客户委托他对财务报表进行审计的目的是为了获取某家银行的贷款，那么这家银行就是受益第三者。

3. 注册会计师对其他第三者的责任

1931 年，美国厄特马斯公司对杜罗斯会计师事务所一案确立了“厄特马斯主义”的传统做法，即：犯有普通过失的注册会计师不对未曾指明的第三者负责，因为第三者与注册会计师之间缺乏合同关系，除非第三者是主要受益者；但如果注册会计师犯有重大过失或欺诈行为，则应当对未指明的第三者负责。

20 世纪 80 年代以来，美国许多法院扩大了厄特马斯主义的含义，判定具有普通过失的注册会计师对可以合理预期的第三者负有责任。

所谓可以合理预期的第三者，是指注册会计师在正常情况下能够预见将依赖财务报表的人。例如，资产负债表日有大额未归还的银行贷款，那么银行就是可以合理预期的第三者。

习惯法下，注册会计师对于第三者的责任，举证的责任方也在原告。

（二）成文法下注册会计师的民事法律责任

1. 1933 年《证券法》

1933 年《证券法》规定了以下三项内容：

（1）将注册会计师的责任限定在登记表中的财务报表和那些购买公司原始证券的投资者；

（2）只要注册会计师具有普通过失，就应对第三者负有责任；

（3）将不少举证责任由原告（证券购买人）转往被告（注册会计师）。

2. 1934 年《证券交易法》

与 1933 年《证券法》相比，1934 年《证券交易法》具有如下几项内容上的变化：

（1）1933 年《证券法》将注册会计师的责任限定在登记表中的财务报表和那些原始购买公司证券的投资者；1934 年《证券交易法》要求注册会计师对上市公司每年的年度财务报表和买卖公司证券的任何人负责；

（2）1933 年《证券法》规定，只要注册会计师具有普通过失，就应对第三者负有责任；1934 年《证券交易法》将注册会计师的责任限定在重大过失或欺诈行为；

（3）1934 年《证券交易法》也将大部分的举证责任转往被告，但与 1933 年《证券法》不同的是，原告应当向法院证明他依赖了令人误解的财务报表，也就是说要证明这是他受损的直接原因。

三、我国注册会计师的法律责任

我国注册会计师的法律责任主要体现在《注册会计师法》、《证券法》、《公司法》、《刑法》以及最高人民法院的规定等法律法规中。

（一）民事责任

1.《注册会计师法》的规定

1993 年 10 月 31 日颁布、1994 年 1 月 1 实施的《注册会计师法》在第六章“法律责任”中规定了注册会计师行政、刑事和民事责任。其中关于民事责任的第四十二条规定：“会计师事务所违反本法规定，给委托人、其他利害关系人造成损失的，应当依法承担赔偿责任。”

2.《证券法》的规定

2005 年 12 月 29 日新修订的《证券法》第一百七十三条规定：“证券服务机构为证券的发行、上市、交易等证券业务活动制作、出具审计报告、资产评估报告、财务顾问报告、资信评级报告或者法律意见书等文件，应当勤勉尽责，对所制作、出具的文件资料内容的真实性、准确性、完整性进行核查和验证。其制作、出具的文件有虚假记载、误导性陈述或者重大遗漏，给他人造成损失的，应当与发行人、上市公司承担连带赔偿责任，但是能够证明自己没有过错的除外。”

3.《公司法》的规定

2005 年 12 月 29 日新修订的《公司法》第二百零八条第三款规定：“承担资产评估、验资或者验证的机构因其出具的评估结果、验资或者验证证明不实，给公司债权人造成损失的，除能够证明自己没有过错的外，在其评估或者证明不实的金额范围内承担赔偿责任。”

（二）行政责任和刑事责任

1.《注册会计师法》的规定

《注册会计师法》第三十九条规定：“会计师事务所违反本法第二十条、第二十一条规定的，由省级以上人民政府财政部门给予警告，没收违法所得，可以并处违法所得一倍以上五倍以下的罚款；情节严重的，并可以由省级以上人民政府财政部门暂停其经营业务或者予以撤销。

注册会计师违反本法第二十条、第二十一条规定的，由省级以上人民政府财政部门给予警告；情节严重的，可以由省级以上人民政府财政部门暂停其执行业务或者吊销注册会计师证书。

会计师事务所、注册会计师违反本法第二十条、第二十一条的规定，故意出具虚假的审计报告、验资报告，构成犯罪的，依法追究刑事责任。”

2.《证券法》的规定

《证券法》第二百零一条规定："为股票的发行、上市、交易出具审计报告、资产评估报告或者法律意见书等文件的证券服务机构和人员，违反本法第四十五条的规定买卖股票的，责令依法处理非法持有的股票，没收违法所得，并处以买卖股票等值以下的罚款。"

《证券法》第二百零七条规定："违反本法第七十八条第二款的规定，在证券交易活动中作出虚假陈述或者信息误导的，责令改正，处以三万元以上二十万元以下的罚款；属于国家工作人员的，还应当依法给予行政处分。"

《证券法》第二百二十三条规定："证券服务机构未勤勉尽责，所制作、出具的文件有虚假记载、误导性陈述或者重大遗漏的，责令改正，没收业务收入，暂停或者撤销证券服务业务许可，并处以业务收入一倍以上五倍以下的罚款。对直接负责的主管人员和其他直接责任人员给予警告，撤销证券从业资格，并处以三万元以上十万元以下的罚款。"

《证券法》第二百二十五条规定："上市公司、证券公司、证券交易所、证券登记结算机构、证券服务机构，未按照有关规定保存有关文件和资料的，责令改正，给予警告，并处以三万元以上三十万元以下的罚款；隐匿、伪造、篡改或者毁损有关文件和资料的，给予警告，并处以三十万元以上六十万元以下的罚款。"

《证券法》第二百三十一条规定："违反本法规定，构成犯罪的，依法追究刑事责任。"

3.《公司法》的规定

《公司法》第二百零八条规定："承担资产评估、验资或者验证的机构提供虚假材料的，由公司登记机关没收违法所得，处以违法所得一倍以上五倍以下的罚款，并可以由有关主管部门依法责令该机构停业、吊销直接责任人员的资格证书，吊销营业执照。

承担资产评估、验资或者验证的机构因过失提供有重大遗漏的报告的，由公司登记机关责令改正，情节较重的，处以所得收入一倍以上五倍以下的罚款，并可以由有关主管部门依法责令该机构停业、吊销直接责任人员的资格证书，吊销营业执照。"

《公司法》第二百一十六条规定："违反本法规定，构成犯罪的，依法追究刑事责任。"

4.《刑法》的规定

《刑法》第二百二十九条规定："承担资产评估、验资、验证、会计、审计、法律服务等职责的中介组织的人员故意提供虚假证明文件，情节严重的，

处五年以下有期徒刑或者拘役，并处罚金。”

四、注册会计师如何避免法律诉讼

（一）注册会计师减少过失和防止欺诈的措施

注册会计师要避免法律诉讼，就必须在执行审计业务时尽量减少过失行为，防止欺诈行为。而要尽量不发生过失或防止欺诈，注册会计师应当达到以下基本要求：

（1）增强执行独立性；

（2）保持职业谨慎；

（3）强化执业监督。

（二）注册会计师避免法律诉讼的具体措施

注册会计师避免法律诉讼的具体措施可以概括为以下几点：

（1）严格遵循职业道德和专业标准的要求；

（2）建立、健全会计师事务所质量控制制度；

（3）与委托人签订业务约定书；

（4）审慎选择被审计单位；

（5）深入了解被审计单位的业务；

（6）提取风险基金或购买责任保险；

（7）聘请熟悉注册会计师法律责任的律师。

复习思考题

1. 简述独立、客观、公正三者的关系。
2. 注册会计师对同行的责任有哪些？
3. 注册会计师对客户的责任有哪些？
4. 简述国家审计人员的职业道德规范的内容。
5. 简述内部审计人员的职业道德规范的内容。
6. 注册会计师的责任有哪些？
7. 注册会计师应如何避免法律责任？

5 CHAPTER 第五章 审计目标与审计过程

第一节 审计目标

审计目标是在一定历史环境下，人们通过审计实践活动所期望达到的境地或最终结果，是审计理论研究的逻辑起点，是审计工作的出发点和归宿点。

一、民间审计的目标

民间审计的目标主要指财务报表审计的目标，包括财务报表审计总目标以及与各类交易、账户余额、列报相关的具体审计目标两个层次。

（一）财务报表审计总目标

《中国注册会计师审计准则第 1101 号——财务报表审计的目标和一般原则》规定：财务报表审计总目标是注册会计师通过执行审计工作，对财务报表的下列方面发表审计意见：财务报表是否按照适用的会计准则和相关会计制度的规定编制；财务报表是否在所有重大方面公允反映被审计单位的财务状况、经营成果和现金流量。

1. 评价财务报表的合法性

在评价财务报表是否按照适用的会计准则和相关会计制度的规定编制时，注册会计师应当考虑下列内容：

（1）选择和运用的会计政策是否符合适用的会计准则和相关会计制度，并适合于被审计单位的具体情况；

（2）管理层作出的会计估计是否合理；

（3）财务报表反映的信息是否具有相关性、可靠性、可比性和可理解性；

（4）财务报表是否作出充分披露，使财务报表使用者能够理解重大交易和事项对被审计单位财务状况、经营成果和现金流量的影响。

2. 评价财务报表的公允性

在评价财务报表是否作出公允反映时，注册会计师应当考虑下列内容：

（1）经管理层调整后的财务报表是否与注册会计师对被审计单位及其环

境的了解一致；

（2）财务报表的列报、结构和内容是否合理；

（3）财务报表是否真实地反映了交易和事项的经济实质。

财务报表审计属于鉴证业务。注册会计师作为独立第三方，运用专业知识、技能和经验对财务报表进行审计并发表专业意见，旨在提高财务报表的可信赖程度。由于审计存在固有的限制，审计工作不能对财务报表整体不存在重大错报提供绝对保证。虽然财务报表使用者可以根据财务报表和审计意见对被审计单位未来生存能力或管理层的经营效率、经营效果作出某种判断，但审计意见本身并不是对被审计单位未来生存能力或管理层经营效率、经营效果提供的保证。

财务报表审计的目标对注册会计师的审计工作发挥着导向作用，它界定了注册会计师的责任范围，直接影响注册会计师计划和实施审计程序的性质、时间和范围，决定了注册会计师如何发表审计意见。例如，既然财务报表审计目标是对财务报表整体发表审计意见，注册会计师就可以只关注与财务报表编制和审计有关的内部控制，而不对内部控制本身发表鉴证意见。同样，注册会计师关注被审计单位的违反法规行为，是因为这些行为影响到财务报表，而不是对被审计单位是否存在违反法规行为提供鉴证。

另外，在进行财务报表审计时，注册会计师应遵守相关的职业道德规范，恪守独立、客观公正的原则，保持专业胜任能力和应有的关注，并对执业过程中获知的信息保密；应当遵守会计师事务所的质量控制准则；应当按照审计准则的规定执行审计工作。

（二）管理层对财务报表的认定

财务报表审计的具体目标取决于总目标和管理层对财务报表的认定。认定是指管理层对财务报表组成要素的确认、计量、列报作出的明确或隐含的表达。认定与审计目标密切相关，注册会计师的基本职责就是确定被审计单位管理层对其财务报表的认定是否恰当。

1. 各类交易和事项相关的认定

（1）发生：记录的交易和事项已发生，且与被审计单位有关。

（2）完整性：所有应当记录的交易和事项均已记录。

（3）准确性：与交易和事项有关的金额及其他数据已恰当记录。

（4）截止：交易和事项已记录于正确的会计期间。

（5）分类：交易和事项已记录于恰当的账户。

2. 与期末账户余额相关的认定

（1）存在：记录的资产、负债和所有者权益是存在的。

(2) 权利和义务：记录的资产由被审计单位拥有或控制，记录的负债是被审计单位应当履行的偿还义务。

(3) 完整性：所有应当记录的资产、负债和所有者权益均已记录。

(4) 计价和分摊：资产、负债和所有者权益以恰当的金额包括在财务报表中，与之相关的计价或分摊调整已恰当记录。

3. 与列报相关的认定

(1) 发生以及权利和义务：披露的交易、事项和其他情况已发生，且与被审计单位有关。

(2) 完整性：所有应当包括在财务报表中的披露均已包括。

(3) 分类和可理解性：财务信息已被恰当地列报和描述，且披露内容表述清楚。

(4) 准确性和计价：财务信息和其他信息已公允披露，且金额恰当。

(三) 具体审计目标

1. 与各类交易和事项相关的具体审计目标

(1) 真实性：由发生认定推导出的具体审计目标是已记录的交易，并是真实的，即没有“多计”。例如，如果没有发生采购交易，但在采购日记账中记录了一笔购进，则违反了“发生”认定。

(2) 完整性：由完整性认定推导出的具体审计目标是已发生的交易，并确实已经记录，即没有“少计”。例如，如果发生了采购交易，但在采购日记账中没有记录这一笔购进，则违反了“完整性”认定。

(3) 准确性：由准确性认定推导出的具体审计目标是已记录的交易，并是按正确金额反映的，即没有“错误”。例如，如果销售交易中，发出商品的数量与账单上的数量不符或开账单时使用了错误的价格或账单中乘积加总有误，则违反了“准确性”认定。

(4) 截止：由截止认定推导出的具体审计目标是接近资产负债表日的交易，并记录于恰当的期间。例如，如果采购交易中，本期交易推至下期或下期交易提前至本期，则违反了“截止”认定。

(5) 分类：由分类认定推导出的具体审计目标是被审计单位记录的交易，并经过适当分类。例如，如果销售交易中，将营业资产的销售记录为正常商品销售，正常商品销售记录为营业资产的销售，则违反了“分类”认定。

2. 与期末账户余额相关的具体审计目标

(1) 存在：记录的资产、负债和所有者权益是存在的。

由存在推导出的具体审计目标是：已记录的金额确实存在，既没有“高估”也没有“多计”。

例如，如果不存在某顾客的应收账款，但在试算平衡表中记录了这笔应收账款，则违反了“存在”认定。

（2）权利和义务：记录的资产由被审计单位拥有或控制，记录的负债是被审计单位应当履行的偿还义务。

由权利和义务推导出的具体审计目标是：资产是被审计单位的权利；负债是被审计单位的义务。

例如，将经营性租入的设备反映在期末固定资产明细账余额中，则违反了“权利和义务”认定。

（3）完整性：所有应当记录的资产、负债和所有者权益均已记录。

由完整性推导出的具体审计目标是：已存在的金额均已记录，既没有“低估”也没有“少计”。

例如，如果存在某顾客的应付账款，但在试算平衡表中没有记录这笔应付账款，则违反了“完整性”认定。

（4）计价和分摊：资产、负债和所有者权益以恰当的金额包括在财务报表中，与之相关的计价或分摊调整已恰当记录。

3. 与列报相关的具体审计目标

（1）发生以及权利和义务：披露的交易、事项和其他情况已发生，且与被审计单位有关。例如，询问管理层应收账款是否质押或出售，如果质押或出售，则需要在财务报表中披露，就是对列报的“权利”认定的运用。

（2）完整性：所有应当包括在财务报表中的披露均已包括。例如，检查关联方和关联方交易，如果存在，则需要在财务报表中披露，就是对列报的“完整性”认定的运用。

（3）分类和可理解性：财务信息已被恰当地列报和描述，且披露内容表述清楚。例如，检查被审计单位是否将出售固定资产的收入记入主营业务收入，就是对列报的“分类和可理解性”认定的运用。

（4）准确性和计价：财务信息和其他信息已公允披露，且金额恰当。例如，检查财务报表附注是否分别披露原材料、在产品和产成品存货成本核算方法，就是对列报的“准确性和计价”认定的运用。

二、国家审计目标

根据我国《审计法》的规定，我国国家审计目标是：对被审计单位财政财务收支的真实性、合法性和效益性进行审查和评价。

1. 真实性

真实性是指财政收支、财务收支及其有关经济活动是否发生，有关资料是否属实。

（1）真实。如果审计中没有发现并通过专业判断认为被审计单位不存在重要的不真实的事项，可以认为其真实地反映了其财政收支、财务收支情况。

（2）基本真实。如果审计发现有个别重要的（超过重要性水平）不真实事项，但不影响总体上反映其财政收支、财务收支情况，可以认为其基本真实反映了财政收支、财务收支情况，同时指出其存在的问题。

（3）不真实。如果审计发现被审计单位会计信息严重不实，总体上不能合理地反映其财政收支、财务收支情况，可以认为其不能真实地反映财政收支、财务收支情况，同时要说明原因。

2. 合法性

合法性是指财政收支符合法律、法规和有关财政收支的规章制度的规定。如各级预算内财政资金的支出必须符合本级人民代表大会批准的预算。

（1）较好地遵守。如果审计中未发现被审计单位存在重要的违反国家规定的财政收支、财务收支行为，可认为其较好地遵守了有关财经法规。

（2）基本遵守。如果审计中发现被审计单位有个别重要的违反国家规定的财政收支、财务收支行为，可认为除该个别事项外，基本遵守了有关财经法规。

（3）未能遵守。如果审计中发现被审计单位严重违反了国家规定的财政收支、财务收支行为，可认为其未能遵守有关财经法规。

3. 效益性

效益性不仅包括经济效益，还应当包括：

（1）资金的使用效果，即有关资金使用是否达到预期的目标；

（2）资金运用的效率，即资金合理利用程度；

（3）用于经营的资金所产生的收益，即经济效益。

有些资金的使用，如保障国家机关正常活动的经费，发展教育、科学、文化等事业的资金，国家财政的救灾支出，并不直接产生经济效益，但对这些资金的使用效果如何，应当进行审计监督，向有关机关反馈信息。

三、内部审计目标

根据《审计署关于内部审计工作的规定》〔审计署4号令〕的规定，内部审计是独立监督和评价本单位及所属单位财政收支、财务收支、经济活动的真实、合法和效益的行为，以促进加强经济管理和实现经济目标。

根据《内部审计基本准则》的规定，内部审计是指组织内部的一种独立客观的监督和评价活动，它通过审查和评价经营活动及内部控制的适当性、

合法性和有效性来促进组织目标的实现。

1. 内部控制的适当性。现行内部控制系统能否适当地保证组织的任务和目标经济有效地完成。

（1）合理保证组织目标实现。内部控制不要求设计得天衣无缝，不出任何偏差，而只要它做到把偏差限制在一定的标准内，或在偏差发生时，能由雇员通过互相控制，自动地揭露出来，并加以纠正。

（2）经济有效。设计和执行要考虑成本效益，做到以最少的费用，或以与风险相适应的成本，正确、及时、有效地完成任务和目标。

2. 内部控制的合法性。内部控制的设计应符合国家相关法律、法规、规章的要求。

3. 内部控制的有效性。即现行内部控制系统是否能取得预期的效果，能为组织完成任务和目标提供适当的保证。

第二节　财务报表审计的责任划分

一、对财务报表的责任

在财务报表审计中，被审计单位管理层和注册会计师承担着不同的责任，不能相互混淆和替代。明确划分责任，不仅有助于被审计单位管理层和注册会计师认真履行各自的职责，为财务报表及其审计报告的使用者提供有用的经济决策信息，还有利于保护相关各方的正当权益。

（一）被审计单位治理层和管理层的责任

治理层对财务报告过程承担监督责任。

管理层在治理层的监督下，按照适用的会计准则和相关会计制度的规定编制财务报表。管理层对编制财务报表承担责任，通过签署财务报表确认这一责任。

管理层对编制财务报表的责任具体包括：

（1）选择适用的会计准则和相关会计制度。管理层应当根据会计主体的性质和财务报表的编制目的，选择适用的会计准则和相关会计制度。

（2）选择和运用恰当的会计政策。会计政策是指企业在会计确认、计量和报告中所采用的原则、基础和会计处理方法。管理层应当根据企业的具体情况，选择和运用恰当的会计政策。

（3）根据企业的具体情况，作出合理的会计估计。会计估计是指企业对其结果不确定的交易或事项以最近可利用的信息为基础所做的判断。

为了履行编制财务报表的职责，管理层通常设计、实施和维护与财务报表编制相关的内部控制，以保证财务报表不存在由于舞弊或错误而导致的重大错报。

（二）注册会计师的责任

按照中国注册会计师审计准则的规定，对财务报表发表审计意见是注册会计师的责任。

注册会计师作为独立的第三方，对财务报表发表审计意见，有利于提高财务报表的可信赖程度。为履行这一职责，注册会计师应当遵守职业道德规范，按照审计准则的规定计划和实施审计工作，获取充分、适当的审计证据，并根据获取的审计证据得出合理的审计结论，发表恰当的审计意见。注册会计师通过签署审计报告确认其责任。

（三）两种责任不能相互取代

财务报表审计不能减轻被审计单位管理层和治理层的责任。

（1）财务报表中如果含有错报漏报，管理层和治理层应承担完全责任。

（2）如果财务报表存在重大错报，而注册会计师通过审计没能发现，也不能因为财务报表已经注册会计师审计这一事实而减轻管理层和治理层对财务报表的责任。

（3）如果财务报表存在重大错报，由于注册会计师的问题而未被发现，则表明注册会计师没有履行好审计责任。

二、财务报表审计中对舞弊和法律法规的考虑

（一）错误与舞弊

根据《中国注册会计师审计准则第 1141 号——财务报表审计中对舞弊的考虑》，财务报表的错报可能是由于错误或舞弊所致。

错误是指导致财务报表错报的非故意行为。错误的主要情形包括：为编制财务报表而收集和处理相关数据时发生失误；在作出会计估计或判断时，由于疏忽了某些事实，或没有充分理解有关事实，导致作出的会计估计或判断不恰当；在运用与确认、计量、分类或列报（包括披露，下同）相关的会计政策时发生失误。

舞弊是指导致财务报表错报的故意行为。准则规定：舞弊是指被审计单位的管理层、治理层、员工或第三方使用欺骗手段获取不当或非法利益的故意行为。

（二）财务报表审计中舞弊的类型

在财务报表审计中，注册会计师通常只关注侵占资产和虚假报告两类舞

弊行为。

1. 侵占资产

侵占资产是指被审计单位的管理层或员工非法占用被审计单位的资产。包括：

(1) 管理层或员工在购货时收取回扣；

(2) 将个人费用在单位列支；

(3) 贪污收入款项；

(4) 盗取或挪用货币资金、实物资产或无形资产。

2. 虚假报告

对财务信息作出虚假报告，可能源于管理层通过操纵利润误导财务报表使用者对被审计单位业绩或盈利能力的判断。通常表现为：

(1) 对财务报表所依据的会计记录或相关文件记录的操纵、伪造或篡改；

(2) 对交易、事项或其他重要信息在财务报表中的不真实表达或故意遗漏；

(3) 对与确认、计量、分类或列报有关的会计政策和会计估计的故意误用。

(二) 舞弊发生的因素

舞弊的发生一般都同时具备以下三个风险因素：

(1) 动机或压力；

(2) 机会；

(3) 借口。

(三) 治理层、管理层和注册会计师对舞弊的责任

1. 防止或发现舞弊是被审计单位治理层和管理层的责任。

2. 注册会计师对发现舞弊方面的责任可以从以下两个方面界定：

(1) 注册会计师有责任按照审计准则的规定实施审计工作，获取财务报表在整体上不存在重大错报的合理保证；

(2) 由于审计的固有限制，即使按照审计准则的规定恰当地计划和实施审计工作，注册会计师也不能对财务报表整体不存在重大错报获取绝对保证。

3. 影响注册会计师发现舞弊导致的重大错报的因素主要包括：

(1) 舞弊者的狡诈程度；

(2) 串通舞弊的程度；

(3) 舞弊者在被审计单位的职位级别；

(4) 舞弊者操纵会计记录的频率和范围；

(5) 舞弊者操纵的每笔金额的大小。

（四）财务报表审计中对法律法规的考虑

1. 违反法规行为

根据《中国注册会计师审计准则第1142号——财务报表审计中对法律法规的考虑》，违反法规行为是指被审计单位有意或无意地违反会计准则和相关会计制度之外的法律法规的行为。

违反法规行为具体涉及下列三个方面：

（1）被审计单位从事的违反法规行为；

（2）以被审计单位名义从事的违反法规行为；

（3）管理层或员工以被审计单位名义从事的违反法规行为，但不包括管理层和员工个人从事的、与被审计单位经营活动无关的不当行为。

2. 管理层遵守法律法规的责任

根据《中国注册会计师审计准则第1142号——财务报表审计中对法律法规的考虑》，保证经营活动符合法律法规的规定，防止和发现违反法规行为是被审计单位管理层的责任。管理层承担的与违反法规行为有关的责任具体包括：

（1）承担防止和发现违反法规行为的责任。按照有关法律法规的规定，管理层有责任通过建立健全和有效实施内部控制，确保其遵守适用于被审计单位的所有法律法规。为实现这一目标，管理层通常制定和实施有效的政策和程序，以防止和发现违反法规行为。

（2）被审计单位的违反法规行为可能导致包括处罚、诉讼、赔偿等后果。由于这些后果是由被审计单位违反法律法规造成的，所以管理层理应承担相应责任。

注册会计师执行财务报表审计业务的目标和责任在于对财务报表发表审计意见。注册会计师的这一责任不能与被审计单位管理层依法应当承担的保证经营活动符合法律法规的规定，防止和发现违反法规行为的责任相混淆，更不能以注册会计师对财务报表的审计代替管理层应承担的遵守法律法规的责任。

3. 注册会计师对被审计单位遵守法律法规的考虑责任

《中国注册会计师审计准则第1142号——财务报表审计中对法律法规的考虑》准则第八条指出，注册会计师不应当、也不能对防止被审计单位违反法规行为负责，但执行年度财务报表审计可能是遏制违反法规行为的一项措施。

前已述及，防止和发现被审计单位的违反法规行为是管理层的行为，理应由管理层对违反法规行为及其后果负责。尽管注册会计师在执行年度财务

报表审计过程中可能会发现被审计单位的违反法规行为，从这个意义上讲，财务报表定期审计制度会对被审计单位的违反法规行为起到一定的威慑作用，但从根本上看，遏制违反法规行为有赖于管理层制定和实施有效的控制政策和程序。

第三节 审计过程

审计活动不仅是一项有目的的活动，而且是一个有组织、有步骤的过程。为达到审计目标，保证审计工作质量，降低审计风险，审计组织和审计人员必须遵循一定的工作步骤和操作规范，也就是审计过程。

一、民间审计过程

（一）计划审计工作

计划审计工作对于注册会计师顺利完成审计工作、控制审计风险和提高审计效率有非常重要的意义。

一般来说，计划审计工作主要包括：

1. 开展初步业务活动

（1）初步业务活动的目的包括：①注册会计师已具备执行业务所需要的独立性和专业胜任能力；②不存在因管理层诚信问题而影响注册会计师保持该项业务意愿的情况；③与被审计单位不存在对审计业务约定书的误解。

（2）初步业务活动的内容包括：

①针对保持客户关系和具体审计业务实施相应的质量控制程序。

连续审计时，注册会计师通常执行针对保持客户关系和具体审计业务的质量控制程序，而在首次接受审计委托时，注册会计师需要执行针对建立有关客户关系和承接具体审计业务的质量控制程序。总体来讲，无论是连续审计还是首次接受审计委托，注册会计师均应当考虑下列主要事项，以确定保持客户关系和具体审计业务的结论是恰当的：被审计单位的主要股东、关键管理人员和治理层是否诚信；项目组是否具备执行审计业务的专业胜任能力（包括：评价执行审计的能力；评价独立性；评价保持应有谨慎能力）以及必要的时间和资源；会计师事务所和项目组能否遵守职业道德规范。

由于在连续审计的情况下，注册会计师已经积累了一定的审计经验，因此在决定是否保持与某一客户的关系时，项目负责人通常重点考虑本期或前期审计中发现的重大事项，及其对保持该客户关系的影响。

②评价遵守职业道德规范的情况，包括评价独立性。

评价遵守职业道德规范的情况是一项非常重要的初步业务活动。质量控制准则含有包括独立性在内的有关职业道德要求，注册会计师应当按照其规定执行。

③就业务约定条款与被审计单位达成一致意见。

2. 签订或修改审计业务约定书

在作出接受或保持客户关系及具体审计业务的决策后，注册会计师应当按照《中国注册会计师审计准则第1111号——审计业务约定书》的规定，在审计业务开始前，与被审计单位就审计业务约定达成一致意见，签订或修改审计业务约定书，以避免双方对审计业务的理解产生分歧。

3. 制定审计计划

注册会计师应当在签订或修改审计业务约定书之后、具体执行审计程序之前制定总体审计策略和具体审计计划。

计划审计工作不是审计业务的一个孤立阶段，而是一个持续的、不断修正的过程，贯穿于整个审计过程的始终。由于未预期事项、条件的变化或在实施审计程序中获取的审计证据等原因，注册会计师在必要时应当对总体审计策略和具体审计计划作出更新或修改。

（二）实施风险评估程序

风险评估程序是指了解被审计单位及其环境实施的程序，是注册会计师进行财务报表审计应实施的必要程序。

一般来说，实施风险评估程序的主要工作包括：

（1）了解被审计单位及其环境。这实际上是一个连续和动态地收集、更新与分析信息的过程，贯穿于整个审计过程的始终。注册会计师应当运用职业判断确定需要了解被审计单位及其环境的程度。

（2）识别和评估财务报表层次以及各类交易、账户余额、列报认定层次的重大错报风险，包括确定需要特别考虑的重大错报风险（即特别风险）以及仅通过实施实质性程序无法应对的重大错报风险等。

（三）实施控制测试和实质性程序

控制测试和实质性程序是注册会计师进行财务报表审计所实施的进一步审计程序。

1. 控制测试

控制测试是指测试内部控制运行的有效性。它并非注册会计师进行财务报表审计的必要程序，只有存在下列情形之一，控制测试才是必要的：

（1）在评估认定层次重大错报风险时，预期控制的运行是有效的，注册

会计师应当实施控制测试，以支持评估结果；

（2）仅实施实质性程序不足以提供认定层次充分、适当的审计证据，注册会计师应当实施控制测试，以获取内部控制运行有效性的审计证据。

2. 实质性程序

实质性程序是指注册会计师针对评估的重大错报风险实施的直接用以发现认定层次重大错报的审计程序，包括实质性分析程序和交易、账户余额、列报的细节测试。

由于注册会计师对重大错报风险的评估是一种判断，并且内部控制存在固有局限性，因此，无论评估的重大错报风险结果如何，注册会计师均应当针对所有重大的各类交易、账户余额、列报实施实质性程序，以获取充分、适当的审计证据。

由此可见，风险评估程序和实质性程序是每次财务报表审计都应实施的必要程序，而控制测试则不是。

（四）完成审计工作和编制审计报告

这一阶段的主要工作有：

（1）审计期初余额、比较数据、期后事项和或有事项；

（2）考虑持续经营问题，获取管理层声明；

（3）汇总审计差异，并提请被审计单位调整或披露；

（4）复核审计工作底稿和财务报表；

（5）与管理层和治理层沟通；

（6）评价所有审计证据，形成审计意见；

（7）编制审计报告等。

二、国家审计过程

根据《审计法》和《审计法实施条例》的相关规定，国家审计过程一般包括审计准备、审计实施和审计报告三个阶段。

（一）审计准备阶段

1. 组成审计组

根据《审计法》规定，审计机关根据审计项目计划确定的审计事项组成审计组。

2. 开展审前调查

审前调查应当了解被审计单位的经济性质、管理体制、机构设置、人员编制情况；财政、财务隶属关系或者国有资产监督管理关系；职责范围或者经营范围；财务会计机构及其工作情况；相关的内部控制及其执行情况；重大会计政策选用及变动情况；以往接受审计情况及其他需要了解的情况。

3. 编制审计方案

审计方案是指审计机关为顺利完成审计任务，达到预期审计目的，在实施审计前对审计工作所作的计划和安排。

4. 制发审计通知书

审计通知书由审计机关负责人签发，其内容一般包括：被审计单位名称（主送单位）；执行审计任务的依据；审计范围、方式、时间、具体要求；必要的追溯和延伸审计事项；审计组组长姓名、审计组成员姓名；审计机关公章及签发日期等。

（二）审计实施阶段

1. 进入被审计单位

审计通知书送达被审计单位3日后，审计组进入审计单位实施审计工作；或特殊情况下审计组持审计通知书进入被审计单位实施审计工作。

2. 实施内部控制测评

审计组应当在审计准备阶段初步了解被审计单位内部控制的基础上，进一步对其内部控制的设计和运行情况进行调查了解并进行相关测试，对内部控制的有效性作出评价，以确定是否依赖内部控制，确定实质性测试的性质、时间和范围。

3. 进行实质性测试

审计人员运用检查、监盘、观察、查询、函证、计算、分析性复核等方法获取有关财政财务收支真实、合法和效益的客观、相关、充分和合法的审计证据，提出审计意见。

（三）审计报告阶段

（1）汇总审计资料；

（2）撰写审计组的审计报告；

（3）制发审计机关的审计报告、审计决定书和审计移送处理书；

（4）向社会公告审计结果。

三、内部审计过程

内部审计过程既不同于民间审计过程，也与国家审计过程存在着一定的差异。从形式上看，内部审计过程的几个基本阶段与国家审计大致相同，但由于内部审计的主要工作是评价经营活动和内部控制的适当性、合法性和有效性，所以其实施阶段的主要内容是了解和测试内部控制。另外，内部审计人员应进行后续审计，促进被审计单位对审计发现的问题及时采取合理、有

效的纠正措施。

第四节　审计业务约定书

为了规范审计业务约定书的内容以及审计业务的变更，中国注册会计师协会颁布实施了《审计准则第 1111 号——审计业务约定书》，注册会计师必须严格执行。

一、审计业务约定书的含义和作用

（一）审计业务约定书的含义

审计业务约定书是指会计师事务所与被审计单位签订的，用以记录和确认审计业务的委托与受托关系、审计目标和范围、双方的责任以及报告的格式等事项的书面协议。

（二）审计业务约定书的作用

（1）是委托人对注册会计师的审计责任及其需要提供合作了解的依据；

（2）是委托人鉴定会计师事务所审计业务完成情况及会计师事务所鉴定委托人的约定义务履行情况的依据；

（3）是会计师事务所安排审计工作、制定审计计划的依据；

（4）是会计师事务所借以评价注册会计师审计任务完成情况的依据；

（5）是会计师事务所及注册会计师避免法律诉讼的依据。

二、审计业务约定书的内容

（一）审计业务约定书的基本内容

审计业务约定书的具体内容和格式因被审计单位的不同而不同，但应当包括以下基本内容：

（1）财务报表审计的目标；

（2）管理层对财务报表的责任；

（3）管理层编制财务报表采用的会计准则和相关会计制度；

（4）审计范围，包括指明在执行财务报表审计业务时遵守的中国注册会计师审计准则；

（5）执行审计工作的安排，包括出具审计报告的时间要求；

（6）审计报告格式和对审计结果的其他沟通形式；

（7）由于测试的性质和审计的其他固有限制，以及内部控制的固有局限性，不可避免地存在着某些重大错报可能仍然未被发现的风险；

（8）管理层为注册会计师提供必要的工作条件和协助；

（9）注册会计师不受限制地接触任何与审计有关的记录、文件和所需要的其他信息；

（10）管理层对其作出的与审计有关的声明予以书面确认；

（11）注册会计师对执业过程中获知的信息保密；

（12）审计收费，包括收费的计算基础和收费安排；

（13）违约责任；

（14）解决争议的方法；

（15）签约双方法定代表人或其授权代表的签字盖章，以及签约双方加盖的公章。

（二）审计业务约定书的特殊考虑

1. 考虑特定需要

如果情况需要，注册会计师还应当考虑在审计业务约定书中列明下列内容：

（1）在某些方面对利用其他注册会计师和专家工作的安排；

（2）与审计涉及的内部审计人员和被审计单位其他员工工作的协调；

（3）预期向被审计单位提交的其他函件或报告；

（4）与治理层整体直接沟通；

（5）在首次接受审计委托时，对与前任注册会计师沟通的安排；

（6）注册会计师与被审计单位之间需要达成进一步协议的事项。

2. 集团审计

如果负责集团财务报表审计的注册会计师同时负责组成部分财务报表的审计，注册会计师应当考虑下列因素，决定是否与各个组成部分单独签订审计业务约定书：

（1）组成部分注册会计师的委托人；

（2）是否对组成部分单独出具审计报告；

（3）法律法规的规定；

（4）母公司、总公司或总部拥有组成部分的所有权份额；

（5）组成部分管理层的独立程度。

3. 连续审计

对于连续审计，注册会计师应当考虑是否需要根据具体情况修改业务约定的条款，以及是否需要提醒被审计单位注意现有的业务约定条款。

注册会计师可以与被审计单位签订长期审计业务约定书，但如果出现下列情况，应当考虑重新签订审计业务约定书：

（1）有迹象表明被审计单位误解审计目标和范围；
（2）需要修改约定条款或增加特别条款；
（3）高级管理人员、董事会或所有权结构近期发生变动；
（4）被审计单位业务的性质或规模发生重大变化；
（5）法律法规的规定；
（6）管理层编制财务报表采用的会计准则和相关会计制度发生变化。

4. 审计业务的变更

在完成审计业务前，如果被审计单位要求注册会计师将审计业务变更为保证程度较低的鉴证业务或相关服务，注册会计师应当考虑变更业务的适当性。

下列原因可能导致被审计单位要求变更业务：（1）情况变化对审计服务的需求产生影响；（2）对原来要求的审计业务的性质存在误解；（3）审计范围存在限制。

上述第（1）和第（2）项通常被认为是变更业务的合理理由，但如果有迹象表明该变更要求与错误的、不完整的或者不能令人满意的信息有关，注册会计师不应认为该变更是合理的。

如果没有合理的理由，注册会计师不应同意变更业务。如果不同意变更业务，被审计单位又不允许继续执行原审计业务，注册会计师应当解除业务约定，并考虑是否有义务向被审计单位董事会或股东会等方面说明解除业务约定的理由。

在同意将审计业务变更为其他服务前，注册会计师还应当考虑变更业务对法律责任或业务约定条款的影响。如果变更业务引起业务约定条款的变更，注册会计师应当与被审计单位就新条款达成一致意见。如果认为变更业务具有合理的理由，并且按照审计准则的规定已实施的审计工作也适用于变更后的业务，注册会计师可以根据修改后的业务约定条款出具报告。

为避免引起报告使用者的误解，报告不应提及下列内容：（1）原审计业务；（2）在原审计业务中已执行的程序。只有将审计业务变更为执行商定程序业务，注册会计师才可在报告中提及已执行的程序。

复习思考题

1. 财务报表的审计目标是什么？其作用和局限性有哪些？
2. 被审计单位管理层的认定有哪些？与具体目标关系如何？
3. 国家审计目标有哪些？

4. 内部审计目标有哪些?

5. 如何理解被审计单位管理层与注册会计师对财务报表的责任?

6. 为什么被审计单位管理层与注册会计师对财务报表的责任不能相互替代?

7. 何谓错误?何谓舞弊?财务报表审计中舞弊的类型有哪些?

8. 管理层承担的与违反法规行为有关的责任有哪些?

9. 民间审计的审计程序如何?

10. 何谓审计业务约定书?其基本内容有哪些?

6 CHAPTER 第六章 审计计划、重要性和审计风险

第一节 审计计划

一、民间审计计划

民间审计计划，是指注册会计师在具体执行审计程序之前制定总体审计策略和具体审计计划，以将审计风险降低至可接受水平，完成审计任务，实现审计目标。

（一）总体审计策略

总体审计策略用以确定审计范围、时间和方向，并指导制定具体审计计划。

注册会计师应当为审计工作制定总体审计策略。在制定总体审计策略时，注册会计师应当考虑以下主要事项：

1. 审计范围

确定审计业务的特征，以界定审计范围，包括采用的会计准则和相关会计制度，特定行业的报告要求以及被审计单位组成部分的分布等。

2. 报告目标、时间安排及所需沟通

明确审计业务的报告目标，以计划审计的时间安排和所需沟通的性质，包括提交审计报告的时间要求、预期与管理层和治理层沟通的重要日期等。

3. 审计方向

考虑影响审计业务的重要因素，以确定项目组的工作方向，包括确定适当的重要性水平，初步识别可能存在较高的重大错报风险的领域，初步识别重要的组成部分和账户余额，评价是否需要针对内部控制的有效性获取审计证据，识别被审计单位、所处行业、财务报告要求及其他相关方面最近发生的重大变化等。

总体审计策略应能恰当地反映注册会计师考虑的审计范围、时间和方向的结果。注册会计师应当在总体审计策略中清楚地说明下列内容：

（1）向具体审计领域调配的资源，包括向高风险领域分派有适当经验的项目组成员、就复杂的问题利用专家工作等。

（2）向具体审计领域分配资源的数量，包括安排到重要存货存放地观察存货盘点的项目组成员的数量、对其他注册会计师工作的复核范围、对高风险领域安排的审计时间预算等。

（3）何时调配这些资源，包括是在期中审计阶段还是在关键的截止日期调配资源等。

（4）如何管理、指导、监督这些资源的利用，包括预期何时召开项目组预备会和总结会、预期项目负责人和经理如何进行复核、是否需要实施项目质量控制复核等。

（二）具体审计计划

注册会计师应当为审计工作制定具体审计计划。具体审计计划比总体审计策略更加详细，包括为获取充分、适当的审计证据以将审计风险降至可接受的低水平，项目组成员拟实施的审计程序的性质、时间和范围。具体内容如下：

1. 风险评估程序

应当包括按照《中国注册会计师审计准则第 1211 号——了解被审计单位及其环境并评估重大错报风险》的规定，为了足够识别和评估财务报表重大错报风险，注册会计师计划实施的风险评估程序的性质、时间和范围。

2. 计划实施的进一步审计程序

应当包括按照《中国注册会计师审计准则第 1231 号——针对评估的重大错报风险实施的程序》的规定，针对评估的认定层次的重大错报风险，注册会计师计划实施的进一步审计程序的性质、时间和范围。

注册会计师计划的进一步审计程序通常可以分为进一步审计程序的总体方案和拟实施的具体审计程序两个层次。

进一步审计程序的总体方案主要是指注册会计师针对各类交易、账户余额和列报决定采用的总体方案，包括实质性方案或综合性方案。

具体审计程序则是对进一步审计程序的总体方案的延伸和细化，通常包括控制测试和实质性程序的性质、时间和范围。

另外，完整、详细的进一步审计程序的计划包括对各类交易、账户余额和列报实施的具体审计程序的性质、时间和范围，包括抽取的样本量等。

3. 计划其他审计程序

应当包括根据审计准则的规定，注册会计师针对审计业务需要实施的其

他审计程序以及上述进一步程序的计划中没有涵盖的、根据其他审计准则的要求注册会计师应当执行的既定程序。

（三）总体审计策略与具体审计计划的关系

虽然总体审计策略通常在具体审计计划之前编制，但是两项计划活动并不是孤立的、不连续的过程，而是内在紧密联系的，对其中一项的决定可能会影响甚至改变对另外一项的决定。因此，注册会计师应当根据实施风险评估程序的结果，对总体审计策略的内容予以调整。

在实践中，注册会计师将总体审计策略和具体审计计划相结合进行制定，可能会使计划审计工作更有效率和效果，并且可以采用将总体审计策略和具体审计计划合并为一份审计计划文件的方式，以提高编制及复核工作的效率，增强其效果。

二、国家审计计划

按照国家审计基本准则的规定，国家审计计划包括年度审计项目计划和审计方案。

（一）年度审计项目计划

年度审计项目计划由审计机关根据法律、法规和国家其他有关规定，按照上级审计机关和本级人民政府规定的职责编制。地方审计机关的年度审计项目计划应当报送上一级审计机关备案。

（二）审计方案

审计方案是审计组在熟悉与审计事项有关的法律、法规和政策，了解被审计单位的基本情况的基础上，于实施审计前编制。审计方案包括审计工作方案和审计实施方案。

1. 审计工作方案

审计工作方案是审计机关为了统一组织多个审计组对部门、行业或者专项资金等审计项目实施审计而制定的总体工作计划。审计工作方案主要包括以下内容：

（1）审计工作目标；

（2）审计范围；

（3）审计对象；

（4）审计内容与重点；

（5）审计组织与分工；

（6）工作要求。

审计工作方案由负责审计项目组织工作的审计机关编制，并下达到具体承担审计任务的审计机关执行。

2. 审计实施方案

审计实施方案是审计组为了完成审计项目任务，从发送审计通知书到处理审计报告全部过程的工作安排。如审计项目涉及单位多，财政收支、财务收支量大，为了完成审计实施方案所规定的审计目标，审计组可以对不同的审计事项制定若干具体实施步骤和方法。审计实施方案主要包括以下内容：

（1）编制的依据；

（2）被审计单位的名称和基本情况；

（3）审计的目标；

（4）审计的范围、内容和重点；

（5）重要性的确定及审计风险的评估；

（6）预定的审计工作起讫日期；

（7）审计组组长、审计组成员及分工；

（8）编制的日期；

（9）其他有关内容。

审计实施方案由审计组编制，经审计组所在部门负责人审核，报审计机关主管领导批准后，由审计组负责实施。

三、内部审计计划

内部审计计划是内部审计机构和人员为完成审计业务，达到预期的审计目的，对一段时期的审计工作任务或具体审计项目作出的事先规划。一般包括年度审计计划、项目审计计划和审计方案三个层次。

（一）年度审计计划

年度审计计划指对年度审计任务所作的事先规划，是组织年度工作计划的重要组成部分。年度审计计划由内部审计机关负责人在下年度开始前编制完成，报对内部审计机构具有领导职责的组织适当管理层批准。

年度审计计划应当包括下列基本内容：

（1）内部审计年度工作目标。

（2）需执行的具体审计项目及其先后顺序。在确定具体审计项目时，应当考虑组织风险、管理需要和审计资源，并按审计项目的风险程度规划审计项目执行的先后顺序。

（3）各审计项目所分配的审计资源。根据审计项目的性质、复杂性及时间限制，合理安排所需的审计资源。

（4）后续审计的必要安排。

（二）项目审计计划

项目审计计划是对具体审计项目实施的全过程所作的综合安排，由审计项目负责人在审计实施前编制完成，并经内部审计机构负责人批准。

项目审计计划应当包括以下基本内容：

（1）审计目的和审计范围；

（2）重要性和审计风险；

（3）审计小组构成和审计时间分配；

（4）对专家和外部审计工作结果的利用；

（5）其他有关内容，如被审计单位提供的资料和协助等。

（三）审计方案

审计方案是对具体项目的审计程序及其时间等所作出的详细安排，由审计项目负责人在审计实施前编制完成，并经内部审计机构负责人批准。

审计方案应当包括以下基本内容：

（1）具体审计目的；

（2）具体审计方法和程序；

（3）预定的执行人及执行日期；

（4）其他有关内容。

审计项目负责人可以根据被审计单位的经营规模、业务及审计工作的复杂程度确定项目审计计划和审计方案内容的繁简程度。

四、民间审计计划、国家审计计划和内部审计计划的关系

（1）民间审计只编制项目计划，无期间计划；国家审计和内部审计均有期间计划。

（2）民间审计、国家审计和内部审计的项目计划均考虑重要性和审计风险。

第二节　重要性

《中国注册会计师审计准则第 1221 号——重要性》、《内部审计具体准则 17 号——重要性与审计风险》、《国家审计准则——审计机关审计重要性与审计风险评价准则》均对重要性进行了规范，本节以民间审计为例介绍重要性。

一、重要性的含义

根据《中国注册会计师审计准则第 1221 号——重要性》规定，重要性取

决于在具体环境下对错报金额和性质的判断。如果一项错报单独或连同其他错报可能影响财务报表使用者依据财务报表作出的经济决策，则该项错报是重大的。

理解重要性概念，注意把握以下几点：

1. 重要性概念中的错报包含漏报

财务报表错报包括财务报表金额的错报和财务报表披露的错报。

2. 重要性包括对数量和性质两个方面的考虑

所谓数量方面，是指错报的金额大小；所谓性质方面，是指错报的性质。一般而言，金额大的错报比金额小的错报更重要。在有些情况下，某些金额的错报从数量上看并不重要，但从性质上考虑，则可能是重要的。若对某些财务报表披露的错报难以从数量上判断是否重要，则应从性质上考虑其是否重要。

3. 重要性概念是针对财务报表使用者决策的信息需求而言的

如果财务报表中的某项错报足以改变或影响财务报表使用者的相关决策，则该项错报就是重要的，否则就不重要。

在财务报表的审计中，注册会计师对重要性的判断是基于将财务报表使用者作为具有一定的理解能力并能理性地作出相关决策的一个集体来考虑的。注册会计师难以考虑错报对具体的单个使用者可能产生的影响，因为他们的需求千差万别。例如，就一个以赢利为目的的企业而言，由于投资者是该企业风险资本的提供者，能满足这些投资者信息需求的财务报表也将能满足该财务报表的其他使用者的信息需求，因此在审计这样的企业时，投资者作为一个集体的信息需求是确定重要性的合适的参考依据。

4. 重要性的确定离不开具体环境

由于不同的被审计单位面临不同的环境，不同的报表使用者有着不同的信息需求，因此注册会计师确定的重要性也不相同。某一金额的错报对某被审计单位的财务报表来说是重要的，而对一个被审计单位的财务报表来说可能不重要。例如，错报 10 万元对一个小公司来说可能是重要的，而对一个大公司来说则可能不重要。

5. 对重要性的评估需要运用职业判断

影响重要性的因素很多，注册会计师应当根据被审计单位面临的环境，并综合考虑其他因素，合理确定重要性水平。不同的注册会计师在确定同一被审计单位财务报表层次和认定层次的重要性水平时，得出的结果可能不同。主要是因为对影响重要性的各因素的判断存在差异。因此，注册会计师需要运用职业判断来合理评估重要性。

需要注意的是，仅从数量角度考虑，重要性水平只是提供了一个门槛或临界点。在该门槛或临界点之上的错报就是重要的；反之，该错报则不重要。重要性并不是财务信息的主要质量特征。

二、重要性与审计风险、审计证据的关系

（一）重要性与审计风险的关系

重要性与审计风险之间存在反向关系，即：重要性水平越高，审计风险越低；重要性水平越低，审计风险越高。

（二）重要性与审计证据的关系

重要性与审计证据之间也呈反向关系，即重要性水平越高，应获取的审计证据越少；反之，重要性水平越低，应获取的审计证据越多。

这里，重要性水平是指金额的高低而不是性质的大小。

三、计划审计工作时对重要性的评估

（一）确定计划的重要性水平时应考虑的因素

在计划审计工作时，注册会计师应当确定一个可接受的重要性水平，以发现在金额上的重大错报。注册会计师在确定计划的重要性水平时，需要考虑以下因素：

（1）对被审计单位及其环境的了解。被审计单位的行业状况、法律环境与监管环境等其他外部因素，以及被审计单位业务的性质、对会计政策的选择和应用、被审计单位的目标、战略及相关的经营风险、内部控制等因素，都将影响注册会计师对重要性水平的判断。

（2）审计的目标，包括特定报告要求。信息使用者的要求等因素影响注册会计师对重要性水平的确定。例如，对特定报表项目进行审计的业务，其重要性水平可能需要以该项目金额而不是以财务报表的一些汇总性财务数据为基础加以确定。

（3）财务报表各项目的性质及其相互关系。财务报表使用者对不同的报表项目的关心程度不同。一般而言，财务报表使用者十分关心流动性较高的项目，注册会计师应当对此从严制定重要性水平。由于财务报表各项目之间是相互联系的，注册会计师在确定重要性水平时，需要考虑这种相互联系。

（4）财务报表项目的金额及其波动幅度。财务报表项目的金额及其波动幅度可能促使财务报表使用者作出不同的反应。

总之，影响预期财务报表使用者决策的因素都可能对重要性水平产生影响，所以注册会计师在计划阶段应当充分考虑这些因素，并采用合理的方法

确定重要性水平。

（二）从数量方面考虑重要性

注册会计师应当考虑财务报表层次和各类交易、账户余额、列报认定层次的重要性。

1. 财务报表层次的重要性水平

由于财务报表审计的目标是注册会计师通过执行审计工作对财务报表发表审计意见，因此，注册会计师应当考虑财务报表层次的重要性。只有这样，才能得出财务报表是否公允反映的结论。注册会计师在制定总体审计策略时，应当确定财务报表层次的重要性水平。

确定多大错报会影响到财务报表使用者所作的决策，是注册会计师运用职业判断的结果。很多注册会计师根据所在会计师事务所的惯例及自己的经验考虑重要性水平，通常先选择一个恰当的基准，再选用适当的百分比乘以该基准，从而得出财务报表层次的重要性水平。

在实践中，许多汇总性财务数据可以用作确定财务报表层次重要性水平的基准，如总资产、净资产、销售收入、费用总额、毛利、净利润等指标数据。在选择适当的基准时，注册会计师应当考虑以下因素：

（1）财务报表的要素（如资产、负债、所有者权益、收入和费用等），适用的会计准则和相关会计制度所定义的财务报表指标（如财务状况、经营成果和现金流量），以及适用的会计准则和相关会计制度提出的其他具体要求；

（2）对某被审计单位而言，是否存在财务报表使用者特别关注的报表项目，如特别关注与评价经营成果相关的信息；

（3）被审计单位的性质及所在行业；

（4）被审计单位的规模、所有权性质以及融资方式。

注册会计师对基准的选择有赖于被审计单位的性质和环境。例如，对于以盈利为目的的被审计单位而言，来自经常性业务的税前利润或税后净利润可能是一个适当的基准；对于收益不稳定的被审计单位或非盈利组织来说，选择税前利润或税后净利润作为判断重要性水平的基准就不合适，如对资产管理公司来说，净资产可能是一个适当的基准。注册会计师通常会选择一个相对稳定、可预测且能够反映被审计单位正常规模的基准。由于销售收入和总资产具有相对稳定性，注册会计师经常将其用作确定计划重要性水平的基准。在确定恰当的基准后，注册会计师运用职业判断合理选择百分比，据以确定重要性水平。

此外，在确定重要性时，注册会计师通常考虑以前期间的经营成果和

财务状况、本期的经营成果和财务状况、本期的预算和预测结果、被审计单位情况的重大变化（例如，重大的企业购并）以及宏观经济环境和所在行业环境发生的相关变化。例如，在将净利润作为确定某单位重要性水平的基准时，因情况变化使该单位本年度净利润出现意外的增加或减少，注册会计师由此可能认为选择近几年的平均净利润作为重要性水平的基准更加合适。

注册会计师在确定重要性水平时，不需考虑与具体项目计量相关的固有不确定性。例如，财务报表含有高度不确定性的大额估计，注册会计师并不会因此而确定一个比不含有该估计的财务报表的重要性更高或更低的重要性水平。

2. 各类交易、账户余额、列报认定层次的重要性水平

由于财务报表提供的信息由各类交易、账户余额、列报认定层次的信息汇集加工而成，注册会计师只有通过对各类交易、账户余额、列报认定实施审计，才能得出财务报表是否公允反映的结论。因此，注册会计师还应当考虑各类交易、账户余额、列报认定层次的重要性。

各类交易、账户余额、列报认定层次的重要性水平称为可容忍错报。可容忍错报的确定以注册会计师对财务报表层次重要性水平的初步评估为基础。它是在不导致财务报表存在重大错报的情况下，注册会计师对各类交易、账户余额、列报确定的可接受的最大错报。

在确定各类交易、账户余额、列报认定层次的重要性水平时，注册会计师应当考虑以下因素：

（1）各类交易、账户余额、列报的性质及错报的可能性；

（2）各类交易、账户余额、列报的重要性水平与财务报表层次重要性水平的关系。

由于为各类交易、账户余额、列报确定的重要性水平即可容忍错报对审计证据数量有直接的影响，因此注册会计师应当合理确定可容忍错报。

需要强调的是，在制定总体审计策略时，注册会计师应当对那些金额本身就低于所确定的财务报表层次重要性水平的特定项目做额外的考虑。注册会计师应当根据被审计单位的具体情况，运用职业判断，考虑是否能够合理地预计这些项目的错报将影响使用者依据财务报表作出的经济决策（如有这种情况的话）。注册会计师在作出这一判断时，应当考虑以下因素：

（1）会计准则、法律法规是否影响财务报表使用者对特定项目计量和披露的预期（如关联方交易、管理层及治理层的报酬）；

（2）与被审计单位所处行业及其环境相关的关键性披露（如制药业的研

究与开发成本）；

（3）财务报表使用者是否特别关注财务报表中单独披露的特定业务部分（如新近购买的业务）的财务业绩。

了解治理层和管理层对上述问题的看法和预期，有助于注册会计师根据被审计单位的具体情况作出判断。

（三）从性质方面考虑重要性

金额不重要的错报从性质上看有可能是重要的。注册会计师在判断错报的性质是否重要时应该考虑以下具体情况：

（1）错报对遵守法律法规要求的影响程度。

（2）错报对遵守债务契约或其他合同要求的影响程度。

（3）错报掩盖收益或其他趋势变化的程度（尤其在联系宏观经济背景和行业状况进行考虑时）。

（4）错报对用于评价被审计单位财务状况、经营成果或现金流量的有关比率的影响程度。

（5）错报对财务报表中列报的分部信息的影响程度。

（6）错报对增加管理层报酬的影响程度。

（7）错报对某些账户余额之间错误分类的影响程度，这些错误分类影响到财务报表中应单独披露的项目。

（8）相对于注册会计师所了解的以前向报表使用者传达的信息（如盈利预测）而言，错报的重大程度。

（9）错报是否与涉及特定方的项目相关。

（10）错报对信息漏报的影响程度。在有些情况下，适用的会计准则和相关会计制度并未对该信息作具体要求，但是注册会计师运用职业判断，认为该信息对财务报表使用者了解被审计单位的财务状况、经营成果或现金流量很重要。

（11）错报对与已审计财务报表一同披露的其他信息的影响程度，该影响程度能被合理预期将对财务报表使用者作出经济决策产生影响。

需要指出的是，上述因素仅供注册会计师参考，并不是包括所有的情况，也并非所有审计都会出现上述全部因素，注册会计师不能以存在这些因素为由而必然认为错报是重大的。

四、对计划阶段确定的重要性水平的调整

在审计执行阶段，随着审计过程的推进，注册会计师应当及时评价计划阶段确定的重要性水平是否仍然合理，并根据具体环境的变化或审计执行过

程中进一步获取的信息，修正计划的重要性水平，进而修改进一步审计程序的性质、时间和范围。在确定审计程序后，如果注册会计师决定接受更低的重要性水平，审计风险将增加。注册会计师应当选用下列方法将审计风险降至可接受的低水平：

（1）如有可能，通过扩大控制测试范围或实施追加的控制测试，降低评估的重大错报风险，并支持降低后的重大错报风险水平；

（2）通过修改计划实施的实质性程序的性质、时间和范围，降低检查风险。

五、评价错报的影响

（一）尚未更正错报的汇总数

尚未更正错报的汇总数包括已经识别的具体错报和推断误差。

1. 已经识别的具体错报

已经识别的具体错报是指注册会计师在审计过程中发现的能够准确计量的错报，包括下列两类：

（1）对事实的错报。这类错报产生于被审计单位收集和处理数据的错误，对事实的忽略或误解，或故意舞弊行为。例如，注册会计师在审计测试中发现最近购入存货的实际价值为 75 000 元，但账面记录的金额却为 15 000 元，因此存货和应付账款分别被低估了 60 000 元，这被低估的 60 000 元就是已识别的对事实的具体错报。

（2）涉及主观决策的错报。这类错报产生于两种情况：一是管理层和注册会计师对会计估计值的判断差异；二是管理层和注册会计师对选择和运用会计政策的判断差异，由于注册会计师认为管理层选用会计政策造成错报，管理层却认为选用会计政策适当，导致出现判断差异。

2. 推断误差

推断误差又称“可能误差”，是注册会计师对不能明确、具体地识别的其他错报的最佳估计数。推断误差通常包括以下两类：

（1）通过测试样本估计出的总体的错报减去在测试中发现的已经识别的具体错报。例如，应收账款年末余额为 2 000 万元，注册会计师抽查 10% 样本发现金额有 100 万元的高估，高估部分为账面金额的 20%，据此注册会计师推断总体的错报金额为 400 万元（即 2 000 × 20%），那么上述 100 万元就是已识别的具体错报，其余 300 万元即推断误差。

（2）通过实质性分析程序推断出的估计错报。例如，注册会计师根据客户的预算资料及行业趋势等要素，对客户年度销售费用独立地作出估计，并与客户账面金额比较，发现两者间有50%的差异；考虑到估计的精确性有限，注册会计师根据经验认为10%的差异通常是可接受的，而剩余40%的差异需要有合理解释并取得佐证性证据；假定注册会计师对其中10%的差异无法得到合理解释或不能取得佐证，则该部分差异金额即为推断误差。

（二）评价尚未更正错报的汇总数的影响

注册会计师应当评估在审计过程中已识别但尚未更正错报的汇总数是否重大。

在出具审计报告之前，注册会计师需要评估尚未更正错报单独或累积的影响是否重大。在评估时，应当从特定的某类交易、账户余额及列报认定层次和财务报表层次考虑这些错报的金额和性质，以及这些错报发生的特定环境。

应当分别考虑每项错报对相关交易、账户余额及列报的影响，包括错报是否超过之前为特定交易、账户余额及列报所设定的较之财务报表层次重要性水平更低的可容忍错报。考虑到某些错报发生的环境，即使其金额低于计划的重要性水平，注册会计师仍可能认为其单独或连同其他错报从性质上看是重大的。

在评估未更正错报是否重大时，不仅要考虑每项错报对财务报表的单独影响，而且要考虑所有错报对财务报表的累积影响及其形成原因，尤其是一些金额较小的错报，虽然单个看起来并不重大，但是其累计数却可能对财务报表产生重大的影响。例如，某个月末发生的错报可能并不重要，但是如果每个月末都发生相同的错报，其累计数就有可能对财务报表产生重大影响。为全面地评价错报的影响，注册会计师应将审计过程中已识别的具体错报和推断误差进行汇总。

尚未更正错报与财务报表层次重要性水平相比，可能出现以下两种情况：

1. 尚未更正错报的汇总数低于重要性水平（并且特定项目的尚未更正错报也低于考虑其性质所设定的更低的重要性水平，下同）

如果尚未更正错报汇总数低于重要性水平，对财务报表的影响不重大，注册会计师可以发表无保留意见的审计报告。

2. 尚未更正错报的汇总数超过或接近重要性水平

（1）如果尚未更正错报汇总数超过了重要性水平，对财务报表的影响可能是重大的，注册会计师应当考虑通过扩大审计程序的范围或要求管理层调整财务报表以降低审计风险。在任何情况下，注册会计师都应当要求管理层就已识别的错报调整财务报表。如果管理层拒绝调整财务报表，并且扩大审计程序范围的结果不能使注册会计师认为尚未更正错报的汇总数不重大，注

册会计师应当考虑出具非无保留意见的审计报告。

（2）如果已识别但尚未更正错报的汇总数接近重要性水平，注册会计师应当评估该汇总数连同尚未发现的错报是否可能超过重要性水平，并考虑通过实施追加的审计程序或要求管理层调整财务报表以降低审计风险。

在评价审计程序结果时，注册会计师确定的重要性和审计风险可能与计划审计工作时评估的重要性和审计风险存在差异。在这种情况下，注册会计师应当考虑实施的审计程序是否充分。

第三节　审计风险

一、审计风险的含义

注册会计师按照审计准则的规定执行审计工作，能够对财务报表整体不存在重大错报（无论该错报是由错误引起的还是由舞弊引起的）获取合理保证。合理保证意味着审计风险始终存在。

审计风险是指财务报表存在重大错报而注册会计师发表不恰当审计意见的可能性。审计风险不包含财务报表不含有重大错报而注册会计师错误地发表了财务报表含有重大错报的审计意见的风险。

合理保证与审计风险互为补数，即合理保证与审计风险之和等于100%。如果注册会计师将审计风险降至可接受的低水平，则对财务报表不存在重大错报获取了合理保证。

可接受的审计风险的确定，需要考虑会计师事务所对审计风险的态度、审计失败对会计师事务所可能造成损失的大小等因素。但必须注意，审计业务是一种保证程度高的鉴证业务，可接受的审计风险应当足够低，以使注册会计师能够合理保证所审计财务报表不含有重大错报。审计风险在我国实务中小于5%，在国际上小于2%。

二、审计风险模型

审计风险取决于重大错报风险和检查风险。审计风险、重大错报风险和检查风险之间的关系用模型表示为：

审计风险 = 重大错报风险 × 检查风险

在该风险模型中，重大错报风险是企业的风险，不受注册会计师的控制。注册会计师应当实施审计程序，评估重大错报风险，并根据评估结果设计和实施进一步的审计程序，以控制检查风险。

（一）重大错报风险

重大错报风险是指财务报表在审计前存在重大错报的可能性。

在设计审计程序以确定财务报表整体是否存在重大错报时，注册会计师应当从财务报表层次和各类交易、账户余额、列报认定层次方面考虑重大错报风险。

1. 财务报表层次重大错报风险

财务报表层次重大错报风险与财务报表整体存在广泛联系，可能影响多项认定。此类风险通常与控制环境有关，也可能与其他因素有关，如经济萧条。此类风险难以界定于某类交易、账户余额、列报的具体认定；相反，此类风险增大了任何数目的不同认定发生重大错报的可能性。此类风险对注册会计师考虑由舞弊引起的风险特别相关。

2. 各类交易、账户余额、列报认定层次的重大错报风险

某些类别的交易、账户余额、列报及其认定重大错报风险较高。例如，技术进步可能导致某项产品陈旧，进而导致存货易于发生高估错报（计价认定）；对高价值的、易转移的存货缺乏实物安全控制，可能导致存货的存在性认定出错；会计计量过程受重大计量不确定性影响，可能导致相关项目的准确性认定出错。注册会计师应当考虑各类交易、账户余额、列报认定层次的重大错报风险，以便于针对认定层次计划和实施进一步审计程序。

注册会计师在各类交易、账户余额、列报认定层次获取审计证据，以便能够在审计工作完成时，以可接受的低审计风险水平对财务报表整体发表审计意见。

（二）检查风险

检查风险是指某一认定存在错报，该错报单独或连同其他错报是重大的，但注册会计师未能发现这种错报的可能性。

检查风险取决于审计程序设计的合理性和执行的有效性。注册会计师通常无法将检查风险降低为零，其原因主要有两点：一是注册会计师通常并不对所有的交易、账户余额和列报进行检查；二是注册会计师可能选择了不恰当的审计程序，或是审计程序执行不当，或是错误理解了审计结论。第二方面的问题可以通过适当计划，在项目组成员之间进行恰当的职责分配，保持职业怀疑态度以及监督、指导和复核助理人员所执行的审计工作得以解决。

注册会计师应当合理设计审计程序的性质、时间和范围，并有效执行审计程序，以控制检查风险。

（三）检查风险与重大错报风险的反向关系

在既定的审计风险水平下，可接受的检查风险水平与认定层次重大错报风险的评估结果呈反向关系：评估的重大错报风险越高，可接受的检查风险越低；评估的重大错报风险越低，可接受的检查风险越高。

假设针对某一认定，注册会计师将可接受的审计风险水平设定为5%，注册会计师实施风险评估程序后将重大错报风险评估为25%，则根据这一模型，可接受的检查风险为20%。当然，注册会计师在实践中不一定用绝对数量表达这些风险水平，而选用“高”、“中”、“低”等文字描述。

注册会计师应当合理设计审计程序的性质、时间和范围，并有效执行审计程序，以控制检查风险。

上例中，注册会计师根据确定的可接受检查风险（20%），设计审计程序的性质、时间和范围。审计计划在很大程度上围绕确定审计程序的性质、时间和范围而展开。

注册会计师应当通过计划和实施审计工作，获取充分、适当的审计证据，将审计风险降低至可接受的水平。

复习思考题

1. 何谓民间审计的总体审计策略？其内容有哪些？
2. 何谓民间审计的具体审计计划？其内容有哪些？
3. 何谓国家审计的审计方案？其内容有哪些？
4. 何谓内部审计的年度审计计划？其内容有哪些？
5. 何谓重要性？如何理解其与审计风险、审计证据的关系？
6. 注册会计师为何需要从财务报表层和认定层两个层次考虑重要性？
7. 计划审计工作时初步判断重要性水平需要考虑哪些因素？
8. 财务报表层次重要性水平的判断基础有哪些？计算方法有几种？
9. 确定交易、账户余额、列报认定层次重要性水平需要考虑哪些因素？
10. 当错报的汇总数超过重要性水平时，注册会计师如何处理？
11. 何谓审计风险？它由哪些要素构成？
12. 注册会计师如何评估和应对重大错报风险？

7 CHAPTER 第七章 审计证据和审计工作底稿

第一节 审计证据

一、审计证据的含义及作用

（一）审计证据的含义

1. 审计证据的含义

审计证据是指注册会计师为了得出审计结论、形成审计意见而使用的所有信息，包括财务报表依据的会计记录中含有的信息和其他信息。

依据会计记录编制财务报表是被审计单位管理层的责任，注册会计师应当测试会计记录以获取审计证据。

会计记录中含有的信息本身并不足以提供充分的审计证据作为对财务报表发表审计意见的基础，注册会计师还应当获取用作审计证据的其他信息。

2. 审计证据的内容

审计证据的内容包括财务报表依据的会计记录中含有的信息和其他信息。

（1）财务报表依据的会计记录中含有的信息。

财务报表依据的会计记录一般包括对初始分录的记录和支持性记录，如支票、电子资金转账记录、发票、合同、总账、明细账、记账凭证和未在记账凭证中反映的对财务报表的其他调整，以及支持成本分配、计算、调节和披露的手工计算表和电子数据表。

上述会计记录是编制财务报表的基础，构成注册会计师执行财务报表审计业务所需获取的审计证据的重要部分。

（2）可用作审计证据的其他信息。

可用作审计证据的其他信息包括：

①注册会计师从被审计单位内部或外部获取的会计记录以外的信息，如被审计单位会议记录、内部控制手册、询证函的回函、分析师的报告、与竞争者的比较数据等；

②通过询问、观察和检查等审计程序获取的信息，如通过检查存货获取存货存在性的证据等；

③自身编制或获取的可以通过合理推断得出结论的信息，如注册会计师编制的各种计算表、分析表等。

（3）会计记录中包含的信息与其他信息的关系。

财务报表依据的会计记录中包含的信息和其他信息共同构成了审计证据，两者缺一不可。如果没有前者，审计工作将无法进行；如果没有后者，可能无法识别重大错报风险。只有将两者结合在一起，才能将审计风险降至可接受的低水平，为注册会计师发表审计意见提供合理基础。

注册会计师应当获取充分、适当的审计证据，以得出合理的审计结论，作为形成审计意见的基础。

（二）审计证据的种类

审计证据可以按照不同的标准进行分类，不同种类的审计证据具有不同的证明力。审计证据的分类既有助于注册会计师更有效地收集审计证据，也有助于正确评价和综合运用审计证据，最终达到提高审计质量的目的。

1. 按审计证据外在表现形式进行分类

（1）实物证据。

实物证据指通过实际观察或有形资产的检查所取得的用以确定某些实物资产是否确实存在的证据。例如，库存现金、各种存货和固定资产可以通过有形资产检查的方式证明其是否确实存在。实物证据是证明实物资产是否存在的有力证据，但实物证据的存在并不能完全证实被审计单位对其拥有所有权和价值情况（质量情况影响价值）。

（2）书面证据。

书面证据是注册会计师所获取的各种以书面文件为形式的证据，是审计证据的主要组成部分，也可称为基本证据。在审计过程中，注册会计师往往要大量地获取和利用书面证据。

最常见的书面证据主要包括：①会计记录，如会计凭证、会计账簿、各种试算表和汇总表等；②被审计单位管理层声明书；③其他书面文件，如董事会及股东大会会议记录、重要计划、合同资料等。

书面证据按其来源可分为内部证据和外部证据。

内部证据指由被审计单位内部机构或职员编制或提供的证据，如领料单。按证据处理过程，内部证据可分为只在被审计单位内部流转的证据；由被审计单位内部产生，但在被审计单位外部流转，并获其他单位或个人承认的内部证据。一般而言，内部证据不如外部证据可靠，但如果内部证据在外流转，并获其他单位或个人的承认（如销售发票、付款支票等），则具有较强的可靠性。即使是只在被审计单位内部流转的书面证据，其可靠程度也因被审计单位内部控制的好坏而异。若内部证据（如收料单与发料单）经过了被审计单位不同部门的审核、签章，且所有凭据都连续编制并按序号依次处理，则这些内部证据也具有较强的可靠性；相反，若被审计单位的内部控制不健全，注册会计师就不能过分地信赖其内部自制的书面证据。

外部证据指由被审计单位以外的组织机构或人士所编制和处理的证据，如采购发票等，一般具有较强的证明力。按证据的处理过程，外部证据分为：由被审计单位以外的机构或人士编制，并由其直接递交给注册会计师的外部证据（如应收账款函证回函）；由被审计单位以外的机构或人士编制，但为被审计单位持有并递交给注册会计师的外部证据（如银行对账单）；由注册会计师为证明某个事项而自己动手编制的各种计算表和分析表，这类证据的可信程度取决于注册师观察误差的风险大小。

（3）口头证据。

口头证据是被审计单位职员或其他有关人员对注册会计师的提问进行口头答复所形成的证据。一般而言，口头证据本身不足以证明事情的真相，仅仅提供一些重要线索，为进一步调查确认所用。如注册会计师在对应收账款进行账龄分析后，可以向应收账款负责人询问逾期应收账款的回收可能性。如果该负责人的意见与注册会计师自行估计的坏账损失基本一致，则这个口头证据就可成为注册会计师对有关坏账损失的判断的重要证据。在审计过程中，注册会计师应把各种重要的口头证据做成记录，并注明是何人、何时、在何种情况下所做的口头陈述，必要时还应获得被询问者的签名确认。相对而言，不同人员对一问题所做的口头陈述相同时，此时的口头证据具有较高的可靠性。但在一般情况下，口头证据需要得到其他相应证据的支持。

（4）环境证据。

环境证据也称状况证据，是指对被审计单位产生影响的各种环境事实。包括有关行业和宏观经济的运行情况、有关内部控制情况、被审计单位管理人员的素质以及各种管理条件和管理水平。

环境证据不属于基本证据，但它可帮助注册会计师了解被审计单位及其经济活动所处的环境，是注册会计师进行判断时所必须掌握的资料。

2. 按审计证据支持审计结论的相关程度进行分类

（1）直接证据。

直接证据指与被证实项目及具体审计项目直接有关的证据，如账簿记录对报表项目而言是直接证据。

(2)间接证据。

间接证据指与被证实项目及具体审计项目无直接关系的证据，如各种原始凭证和记账凭证对报表项目而言是间接证据。尽管间接证据不能直接说明被证实项目或具体审计目标，但它可以减少需要获取的直接证据的数量和规模，从而降低审计成本，提高审计效率。

3. 按审计证据的来源进行分类

(1)自然证据。自然证据指无需注册会计师加工的证据。

(2)加工证据。

4. 按审计证据的相互关系进行分类

(1)基本证据。

基本证据指对形成审计意见、作出审计结论有直接影响的审计证据。

(2)辅助证据。

辅助证据指补充说明基本证据的证据。

(3)矛盾证据。

矛盾证据指证明的方向与基本证据相反或证明的内容与基本证据不一致的证据。

(三)审计证据的作用

从审计工作全过程和注册会计师的职业角度看，审计证据的作用主要体现在以下几个方面：

(1)审计证据是形成审计意见的基础；

(2)审计证据是降低审计风险的手段；

(3)审计证据是回避审计责任的措施；

(4)审计证据是控制审计质量的途径。

二、审计证据的特性

注册会计师应当保持职业怀疑态度，运用职业判断，评价审计证据的充分性和适当性。

(一)审计证据的充分性

审计证据的充分性是对审计证据数量的衡量，主要与注册会计师确定的样本量有关。例如，对某个审计项目实施某一选定的审计程序，从300个样本中获取的审计证据比从150个样本中获取的审计证据更充分。

注册会计师需要获取的审计证据的数量受错报风险的影响。错报风险越大，需要的审计证据可能越多。具体来说，在可接受的审计风险水平一定的情况下，重大错报风险越大，注册会计师就应实施越多的测试工作，将检查风险降至可接受水平，以将审计风险控制在可接受的低水平范围内。例如，某电器公司受行业性质影响，存货陈旧的可能性较高，计价错报的可能性较大；因而在审计中应选取更多的存货样本进行测试，以确定存货陈旧程度，进而确定存货价值是否被高估。

（二）审计证据的适当性

1. 审计证据的适当性的含义

审计证据的适当性是对审计证据质量的衡量，即审计证据在支持各类交易、账户余额、列报（包括披露）的相关认定或发现其中存在错报方面具有相关性和可靠性。相关性和可靠性是审计证据适当性的核心内容，只有相关且可靠的审计证据才是高质量的审计证据。

2. 审计证据的相关性

审计证据要有证明力，必须与注册会计师的审计目标相关。例如，怀疑被审计单位发出存货没有向顾客开具发票，需要获取销售完整性的审计证据。注册会计师正确的审计程序是从发货单中选取样本，追查每张发货单是否已开具发票（副本），这样获取的证据与完整性审计目标相关；注册会计师错误的审计程序是从发票副本中选取样本，追查每张发票是否附有发货单，这样获取的证据与完整性审计目标不相关。

审计证据是否相关必须结合具体审计目标。在确定审计证据的相关性时，注册会计师应当考虑以下情况：

（1）特定的审计程序可能只为某些认定提供相关的审计证据，而与其他认定无关。例如，检查期后应收账款收回的记录和文件，可以提供有关存在和计价的审计证据，但不一定与期末截止是否适当有关。

（2）针对同一项认定，可以从不同来源获取审计证据，或获取不同性质的审计证据。例如，分析应收账款的账龄和期后收款情况，可以获取与坏账准备有关的审计证据。

（3）只与特定认定相关的审计证据并不能替代与其他认定相关的审计证据。例如，有关存货存在的审计证据并不能替代与存货计价相关的审计证据。

3. 审计证据的可靠性

审计证据的可靠性是指证据的可信程度。例如，注册会计师亲自检查存货所获得的证据就比被审计单位管理层提供给注册会计师的存货数据更可靠。

审计证据的可靠性受其来源和性质的影响，并取决于获取审计证据的具体环境。注册会计师在判断审计证据的可靠性时，通常会考虑下列原则：

（1）从外部独立来源获取的审计证据比从其他来源获取的审计证据更可靠。从外部独立来源获取的审计证据由完全独立于被审计单位以外的机构或人士编制并提供，未经被审计单位职员之手，从而减少了伪造、更改凭证或业务记录的可能性，因而其证明力最强，如银行询证回函、应收账款询证回函、保险公司出具的证明等。相反，从其他来源获取的审计证据，由于证据提供者与被审计单位存在经济或行政关系等原因，其可靠性应受到质疑，如被审计单位会计记录、会议记录等。

（2）内部控制有效时内部生成的审计证据比内部控制薄弱时内部生成的审计证据更可靠。如果被审计单位有健全的内部控制，且在日常管理中得到一贯执行，会计记录的可信赖程度将会增加；如果被审计单位的内部控制薄弱，甚至不存在任何内部控制，被审计单位内部凭证记录的可靠性就会降低。例如，如果销售业务相关内部控制有效，注册会计师就能从发货单、销售发票中取得比内部控制不健全时更加可靠的审计证据。

（3）直接获取的审计证据比间接获取或推论得出的审计证据更可靠。例如，注册会计师直接观察某项内部控制的运行得到的证据，比询问被审计单位某项内部控制的运行得到的证据更可靠。

（4）以文件、记录形式（无论是纸质、电子或其他介质）存在的审计证据比口头形式的审计证据更可靠。例如，会议的同步书面记录比讨论事项后的口头表述更可靠。

（5）从原件获取的审计证据比从传真件或复印件获取的审计证据更可靠。

注册会计师在按照上述原则评价审计证据的可靠性时，还应当注意可能出现的重要例外情况。例如，审计证据虽然是从独立的外部来源获得，但如果该证据是由不知情者或不具备资格者提供的，则其可能是不可靠的。同样，如果注册会计师不具备评价证据的专业能力，那么即使是直接获取的证据，也可能不可靠。

（三）充分性和适当性之间的关系

充分性和适当性是审计证据的两个重要特征，二者缺一不可，只有充分且适当的审计证据才是有证明力的证据。

1. 审计证据的质量越高，需要的数量可能越少

注册会计师需要获取的审计证据的数量受其质量影响，也就是说，审计证据质量越高，需要的数量可能越少。例如，被审计单位内部控制健全有效时生成的审计证据更可靠，注册会计师只要获取适量的审计证据，就可以为发表审计意见提供合理的基础。

2. 审计证据数量的增多可能无法弥补其质量上的缺陷

尽管审计证据的充分性和适当性相关，但如果审计证据的质量存在缺陷，注册会计师仅靠获取更多的审计证据可能无法弥补其质量上的缺陷。例如，

注册会计师需获取收入完整性证据，但获取的却是收入真实性证据，即便收入真实性证据再多，也无法证明收入完整性。

（四）评价充分性和适当性时的特殊考虑

1. 对文件记录可靠性的考虑

审计工作通常不涉及鉴定文件记录的真伪，注册会计师也不是鉴定文件记录真伪的专家，但应当考虑用作审计证据的信息的可靠性，并考虑与这些信息生成与维护相关控制的有效性。

如果在审计过程中识别出的情况使其认为文件记录可能是伪造的，或文件记录中的某些条款已发生变动，注册会计师应当做进一步调查，包括直接向第三方询证，或考虑利用专家的工作以评价文件记录的真伪。

2. 使用被审计单位生成信息时的考虑

如果在实施审计程序时使用被审计单位生成的信息，注册会计师应当就这些信息的准确性和完整性获取审计证据。例如，审查收入项目时，注册会计师应当考虑价格信息的准确性和销售数量的完整性。

3. 证据相互矛盾时的考虑

如果针对某项认定的从不同来源获取的审计证据或获取的不同性质的审计证据能够相互印证，与该项认定相关的审计证据则具有更强的说服力。例如，注册会计师检查委托加工协议发现有委托加工材料，经函证确实存在，则委托加工材料是真实的。

如果从不同来源获取的审计证据或获取的不同性质的审计证据不一致，表明某项审计证据可能不可靠，注册会计师应当追加必要的审计程序。

4. 获取审计证据时对成本的考虑

注册会计师可以考虑获取审计证据的成本与所获取信息的有用性之间的关系，但不应以获取审计证据的困难和成本为由减少不可替代的审计程序。

在保证获取充分、适当的审计证据的前提下，控制审计成本也是会计师事务所增强竞争能力和获利能力所必需的。但为了保证得出的审计结论和形成的审计意见是恰当的，注册会计师不应将获取审计证据成本的高低和难易程度作为减少不可替代的审计程序的理由。例如，在某些情况下，存货监盘是证实存货存在性认定的不可替代的审计程序，注册会计师在审计中不得以检查成本高和难以实施为由而不执行该程序。

三、获取审计证据的审计程序

（一）审计程序的目的

按审计程序目的的不同，可将注册会计师为获取充分、适当的审计证据

而实施的审计程序分为风险评估程序、控制测试（必要时或决定测试时）和实质性程序。

1. 风险评估程序

注册会计师应当实施风险评估程序，以此作为评估财务报表层次和认定层次重大错报风险的基础。

风险评估程序为注册会计师确定重要性水平、识别需要特别考虑的领域、设计和实施进一步审计程序等工作提供了重要基础，有助于注册会计师合理分配审计资源，获取充分、适当的审计证据。

需要注意的是，风险评估程序并不能识别出所有的重大错报风险，虽然它可作为评估财务报表层次和认定层次重大错报风险的基础，但并不能为发表审计意见提供充分、适当的审计证据。为了获取充分、适当的审计证据，注册会计师还需要实施进一步程序，包括实施控制测试（必要时或决定测试时）和实质性程序。

2. 控制测试

当存在下列情形之一时，控制测试是必要的：

（1）在评估认定层次重大错报风险时，预期控制的运行是有效的，注册会计师应当实施控制测试，以支持评估结果；

（2）仅实施实质性程序不足以提供有关认定层次的充分、适当的审计证据，注册会计师应当实施控制测试，以获取内部控制运行的有效性的审计证据。

实施控制测试的目的是测试内部控制在防止、发现并纠正认定层次重大错报方面的运行的有效性，从而支持或修正重大错报风险的评估结果，据以确定实质性程序的性质、时间和范围。

3. 实质性程序

注册会计师应当计划和实施实质性程序，以应对评估的重大错报风险。

实质性程序包括对各类交易、账户余额、列报的细节测试以及实质性分析程序。

注册会计师对重大错报风险的评估是一种判断，可能无法充分识别所有的重大错报风险，并且由于内部控制存在固有的局限性，无论对重大错报风险的评估结果如何，注册会计师都应当针对所有重大的各类交易、账户余额、列报实施实质性程序。

（二）审计程序的类型

在实施风险评估程序、控制测试或实质性程序时，注册会计师可根据需要单独或综合运用以下审计程序，以获取充分、适当的审计证据。

1. 检查记录或文件

检查记录或文件是指注册会计师对被审计单位内部或外部生成的，以纸质、电子或其他介质形式存在的记录或文件进行审查。

检查记录或文件的目的在于对财务报表所包含或应包含的信息进行验证。例如，被审计单位通常对每一笔销售交易都保留一份顾客订单、一张发货单和一份销售发票副本，这些凭证对于注册会计师验证被审计单位记录的销售交易的正确性是有用的证据。

检查记录或文件可提供可靠程度不同的审计证据，审计证据的可靠性取决于记录或文件的来源和性质。外部记录或文件通常被认为比内部记录或文件可靠，因为外部凭证经被审计单位的客户出具，又经被审计单位认可，表明交易双方对凭证上记录的信息和条款达成了一致意见。另外，某些外部凭证的编制过程非常谨慎，通常由律师或其他有资格的专家进行复核，因而具有较高的可靠性，如土地使用权证、保险单、契约和合同等文件。

2. 检查有形资产

检查有形资产是指注册会计师对资产实物进行审查。检查有形资产程序主要适用于存货和现金，也适用于有价证券、应收票据和固定资产等。

检查有形资产可为其存在性提供可靠的审计证据，但不一定能够为权利和义务或计价认定提供可靠的审计证据。

3. 观察

观察是指注册会计师察看相关人员正在从事的活动或执行的程序。例如，对客户执行的存货盘点或控制活动进行观察。

观察提供的审计证据仅限于观察发生的时点，并且在相关人员已知被观察时，相关人员从事活动或执行程序可能与日常的做法不同，从而会影响注册会计师对真实情况的了解。因此，注册会计师有必要获取其他类型的佐证证据。

4. 询问

询问是指注册会计师以书面或口头方式，向被审计单位内部或外部的知情人员获取财务信息和非财务信息，并对答复进行评价的过程。

询问本身不足以发现认定层次存在的重大错报，也不足以测试内部控制运行的有效性，注册会计师还应当实施其他审计程序，以获取充分、适当的审计证据。

5. 函证

函证是指注册会计师为了获取影响财务报表或相关披露认定的项目的信息，通过直接来自第三方的对有关信息和现存状况的证明，获取和评价审计

证据的过程。如对应收账款余额或银行存款余额的函证。

通过函证获取的证据可靠性较高，因此，函证是受到高度重视并经常被使用的一种重要程序。

6. 重新计算

重新计算是指注册会计师以人工方式或使用计算机辅助审计技术，对记录或文件中的数据计算的准确性进行核对。

重新计算通常包括计算销售发票和存货的总金额，加总日记账和明细账，检查折旧费用、预付费用以及应纳税额的计算等。

7. 重新执行

重新执行是指注册会计师以人工方式或使用计算机辅助审计技术，重新独立执行作为被审计单位内部控制组成部分的程序或控制。如注册会计师利用被审计单位的银行存款日记账和银行对账单重新编制银行存款余额调节表，并与被审计单位编制的银行存款余额调节表进行比较。

8. 分析程序

分析程序是指注册会计师通过研究不同财务数据之间以及财务数据与非财务数据之间的内在关系，对财务信息作出评价。分析程序还包括调查与其他相关信息不一致或与预期数据严重偏离的波动和关系。

（三）信息生成和储存方式对审计程序的影响

审计程序的性质和时间可能受会计数据和其他相关信息生成和储存方式的影响，注册会计师应当提请被审计单位保存某些信息以供查阅，或在可获得该信息的期间执行审计程序。

某些会计数据和其他信息只能以电子形式存在，或只能在某一时点或某一期间得到，注册会计师应当考虑这些特点对审计程序的性质和时间的影响。

当信息以电子形式存在时，注册会计师可以通过使用计算机辅助审计技术实施某些审计程序。

四、函证

（一）函证决策

注册会计师应当确定是否有必要实施函证以获取认定层次的充分、适当的审计证据。在作出此项决策时，注册会计师应当考虑以下两个因素。

1. 评估的认定层次重大错报风险

《中国注册会计师审计准则第 1231 号——针对评估的重大错报风险实施的程序》要求注册会计师应当针对评估的财务报表层次重大错报风险确定总体应对措施，并针对评估的认定层次重大错报风险设计和实施进一步审计程

序，以将审计风险降至可接受的低水平。注册会计师实施的进一步审计程序包括控制测试和实质性程序。其中，实质性程序可能包括对某些认定实施函证程序。

评估的认定层次重大错报风险水平越高，注册会计师对通过实质性程序获取的审计证据的相关性和可靠性的要求就越高。在这种情况下，函证程序的运用对于提供充分、适当的审计证据可能是有效的。

评估的认定层次重大错报风险水平越低，注册会计师需要从实质性程序中获取的审计证据的相关性和可靠性的要求就越低。例如，被审计单位可能有一笔正在按照商定还款计划表偿还的银行借款，假设注册会计师在以前年度已对其条款进行了函证，如果注册会计师实施的其他工作（包括必要时进行的控制测试）表明借款的条款没有改变，并且这些工作使得未偿还借款余额发生重大错报风险被评估为低水平时，注册会计师实施的实质性程序可能只限于测试还款的详细情况，而不必再次向债权人直接函证这笔借款的余额和条款。

如果注册会计师认为某项风险属于特别风险，注册会计师需要考虑是否通过函证特定事项以降低检查风险。例如，与简单的交易相比，异常或复杂的交易可能导致更高的错报风险。如果被审计单位从事了异常的或复杂的、容易导致较高重大错报风险的交易，注册会计师除检查被审计单位持有的文件凭证外，注册会计师可能还需考虑是否向交易对方函证交易的真实性和详细条款。

2. 实施其他审计程序获取的审计证据如何将检查风险降至可接受的水平

针对同一项认定，可以从不同来源获取审计证据或获取不同性质的审计证据。这里的其他审计程序，是指除函证程序以外的其他审计程序。例如，对应收账款期末余额存在性认定，注册会计师可能实施对形成应收账款余额的销售交易和收款交易的细节进行测试，实施实质性分析程序，并根据这些程序的结果确定和实施函证程序。如果实施其他审计程序获取的审计证据能将检查风险降至可接受的水平，注册会计师可不实施函证；如果不能，则注册会计师需要实施函证程序。

（二）函证的内容

1. 银行存款、借款及与金融机构往来的其他重要信息

注册会计师应当对银行存款、借款（包括零余额账户和在本期内注销的账户）及与金融机构往来的其他重要信息实施函证。

在对银行存款、借款及与金融机构往来的其他重要信息实施函证时，注册会计师应当了解被审计单位实际存在的银行存款余额、借款余额以及抵押、

质押及担保情况；对于零余额账户和在本期内注销的账户，注册会计师也应当实施函证，以防止被审计单位隐瞒银行存款或借款。

2. 应收账款

除非存在下列两种情形之一，注册会计师应当对应收账款实施函证：

（1）根据审计重要性原则，有充分证据表明应收账款对财务报表不重要。

（2）注册会计师认为函证很可能无效。如果注册会计师认为被询证者很可能不回函或即使回函也不可信，可不对应收账款实施函证。注册会计师可能基于以前年度的审计经验或者类似工作经验，认为某被询证者的回函率很低或判断回函不可靠，并得出函证很可能无效的结论。

如果不对应收账款函证，注册会计师应当在工作底稿中说明理由。

如果认为函证很可能无效，注册会计师应当实施替代审计程序，获取充分、适当的审计证据。针对应收账款存在性认定的替代程序主要包括：

（1）检查期后收款记录。注册会计师通过检查被审计单位客户资产负债表日后付款的记录和凭证，包括银行进账单、汇款证明、银行存款日记账等，能为应收账款的存在性提供部分审计证据。值得注意的是，注册会计师还需收集证据，验证期后收款确实源于资产负债表日已存在的应收账款，而不是源于期后新发生的交易。

（2）检查销售合同、销售发票和发货记录等证明交易确实已经发生的证据。应收账款余额是由销售交易产生的，检查销售合同、销售发票和装运单据等能为应收账款的存在性提供部分审计证据。但是，注册会计师要特别注意被审计单位内部产生的凭证的可靠性。

（3）检查被审计单位与客户之间的函电记录，有助于发现被审计单位与客户之间交易是否真实发生，是否对应收账款余额存在争议。

3. 函证的其他内容

注册会计师可以根据具体情况和实际需要对下列内容（包括但并不限于）实施函证：

（1）短期投资；

（2）应收票据；

（3）其他应收款；

（4）预付账款；

（5）由其他单位代为保管、加工或销售的存货；

（6）长期投资；

（7）委托贷款；

（8）应付账款；

(9) 预收账款；

(10) 保证、抵押或质押；

(11) 或有事项；

(12) 重大或异常的交易。

可见，函证通常适用于账户余额及其明细组成部分（如应收账款明细账），但是不一定限于这些项目。例如，为确认合同条款没有发生变动及变化细节，注册会计师可以函证被审计单位与第三方签订的合同条款。注册会计师还可向第三方函证是否存在影响被审计单位收入确认的背后协议或某项重大交易的细节。

(三) 函证程序实施的范围

如果采用审计抽样的方式确定函证程序的范围，无论采用统计抽样方法还是非统计抽样方法，选取的样本应当足以代表总体。根据对被审计单位的了解、评估的重大错报风险以及所测试总体的特征等，注册会计师可以从总体中选取特定项目进行测试。选取的特定项目包括金额较大的项目、账龄较长的项目、交易频繁但期末余额较小的项目、重大关联方交易、重大或异常的交易、可能存在争议以及产生重大舞弊或错误的交易。

(四) 函证的时间

注册会计师通常以资产负债表日为截止日，在资产负债表日后适当时间内实施函证。如果重大错报风险评估为低水平，注册会计师可选择资产负债表日前适当日期为截止日实施函证，并对所函证项目自该截止日起至资产负债表日止发生的变动实施实质性程序。以应收账款为例，注册会计师通常在资产负债日后某一天函证资产负债表日的应收账款余额。如果在资产负债表日前对应收账户余额实施函证程序，注册会计师应当针对询证函件指明的截止日期与资产负债表日期间实施进一步的实质性程序，或将实质性程序和控制测试结合使用，以将期中测试得出的结论合理延伸至期末。实质性程序包括测试该期间发生的影响应收账款余额的交易或实施分析程序等。控制测试包括测试销售交易、收款交易及与应收账款冲销有关的内部控制的有效性等。

(五) 管理层要求不实施函证时的处理

如果注册会计师拟函证某些账户余额或其他信息，而管理层要求注册会计师不实施函证，注册会计师应当考虑管理层的理由是否恰当，并获取审计证据予以支持。如果认为管理层的要求合理，注册会计师应当实施替代审计程序，以获取与这些账户余额或其他信息相关的充分、适当的审计证据。如果认为管理层的要求不合理，且被其阻挠而无法实施函证，注册会计师应当视为审计范围受到限制，并考虑对审计报告可能产生的影响。

在分析管理层要求不实施函证的原因时，注册会计师应当保持职业怀疑态度，并考虑以下因素：

（1）管理层是否诚信；

（2）是否可能存在重大的舞弊或错误，如果认为管理层的请求可能显示存在舞弊，注册会计师应当遵循《中国注册会计师审计准则第 1141 号——财务报表审计中对舞弊的考虑》的有关规定；

（3）替代审计程序能否提供与这些账户余额或其他信息相关的充分、适当的审计证据。

（六）询证函的设计

注册会计师应当根据特定审计目标设计询证函。在针对账户余额的存在性认定获取审计证据时，通常在询证函中列明相关信息，要求对方核对确认。但在针对账户余额的完整性认定获取审计证据时，则需要改变询证函的内容设计或者采用其他审计程序。例如，在函证应收账款时，询证函中不列出账户余额，而是要求被询证者提供余额信息，这样才能发现应收账款低估错报。再如，在对应付账款的完整性进行审计时，根据被审计单位的供货商明细表向被审计单位的主要供货商发出询证函，就比从应付账款明细表中选择询证对象更容易发现未入账的负债。

1. 设计询证函需要考虑的因素

在设计询证函时，注册会计师应当考虑所审计的认定以及可能影响函证可靠性的因素。可能影响函证可靠性的因素主要包括以下几点：

（1）函证的方式。函证分为积极式函证和消极式函证。不同的函证方式，其提供审计证据的可靠性不同。

（2）以往审计或类似业务的经验。在判断实施函证程序的可靠性时，注册会计师通常会考虑来自以前年度审计或类似审计业务的经验，包括回函率、以前年度审计中发现的错报以及回函所提供信息的准确程度等。当注册会计师根据以往经验认为，即使询证函设计恰当，回函率仍很低时，应考虑从其他途径获取审计证据。

（3）拟函证信息的性质。信息的性质是指信息的内容和特点。注册会计师应当了解被审计单位与第三方之间交易的实质，以确定哪些信息需要进行函证。例如，对那些非常规合同或交易，注册会计师不仅应对账户余额或交易金额作出函证，还应当考虑对交易或合同的条款实施函证，以询证是否存在重大口头协议、客户是否有自由退货的权利、付款方式是否有特殊安排等。

（4）选择被询证者的适当性。注册会计师应当向对所询证信息知情的第三方发送询证函。例如，对交易性金融资产和长期股权投资，注册会计师通常向股票、债券专门保管或登记机构或者接受投资的一方发函询证；对应收票据，通常向出票人或承兑人发函询证；对其他应收款，通常向形成其他应收款的有关方发函询证；对预付账款、应付账款，通常向供货单位发函询证；对委托贷款，通常向有关的金融机构发函询证；对预收账款，通常向购货单位发函询证；对保证、抵押或质押，通常向有关金融机构发函询证；对或有事项，通常向律师等发函询证；对重大或异常的交易，通常向有关的交易方发函询证。

函证所提供的审计证据的可靠性受被询证者的能力、独立性、客观性、回函者是否有权回函等因素的影响。注册会计师在设计询证函、评价函证结果以及确定是否需要实施其他审计程序时，应当考虑回函者的能力、知识、动机、回函意愿等方面的信息或有关回函者是否能够保持客观和公正的信息。当存在重大、异常、在期末前发生的、对财务报表产生重大影响的交易，而被询证者在经济上依赖于被审计单位时，注册会计师应当考虑被询证者可能被驱使提供不正确的回函。

（5）被询证者易于回函的信息类型。询证函所函证信息是否便于被询证者回答，影响到回函率和所获取审计证据的性质。例如，某些被询证者的信息系统十分便于对形成账户余额的每笔交易进行函证，而不是对账户余额本身进行函证。

询证函通常应当包含被审计单位管理层的授权，授权被询证者向注册会计师提供有关信息。对获得被审计单位管理层授权的询证函，被询证者可能更愿意回函。

2. *积极的函证方式和消极的函证方式*

注册会计师可采用积极的或消极的函证方式实施函证，也可将两种方式结合使用。

（1）积极的函证方式。

如果采用积极的函证方式，注册会计师应当要求被询证者在所有情况下必须回函，确认询证函所列示信息是否正确，或填列询证函要求的信息。

积极的函证方式又分为两种：一种是在询证函中列明拟函证的账户余额或其他信息，要求被询证者确认所函证的款项是否正确。通常认为，对这种询证函的回复能够提供可靠的审计证据。但是，其缺点是被询证者可能对所列示信息根本就不加以验证就予以回函确认。另一种是为了避免上述风险而在询证函中不列明账户余额或其他信息，要求被询证者填写有关信息或提供进一步信息。由于这种询证函要求被询证者作出更多的努力，可能会导致回

函率降低，进而导致注册会计师执行更多的替代程序。

在采用积极的函证方式时，只有注册会计师收到回函，才能为财务报表认定提供审计证据。注册会计师没有收到回函，可能是由于被询证者根本不存在，或是由于被询证者没有收到询证函，也可能是由于询证者没有理会询证函，因此，无法证明所函证信息是否正确。

《<中国注册会计师审计准则第1312号——函证>指南》提供的两种积极式询证函的格式如下：

格式一

企业询证函

编号：

××（公司）：

本公司聘请的××会计师事务所正在对本公司××年度财务报表进行审计，按照中国注册会计师审计准则的要求，应当询证本公司与贵公司的往来账项等事项。下列数据出自本公司账簿记录，如与贵公司记录相符，请在本函下端“信息证明无误”处签章证明；如有不符，请在“信息不符”处列明不符金领。回函请直接寄至××会计师事务所。

回函地址：

邮编：　　　　电话：　　　　传真：　　　　联系人：

1. 本公司与贵公司的往来账项列示如下：

单位：元

截止日期	贵公司欠	欠贵公司	备　注

2. 其他事项。

本函仅为复核账目之用，并非催款结算。若款项在上述日期之后已经付清，仍请及时函复为盼。

（公司盖章）

年　　月　　日

结论：1. 信息证明无误。

（公司盖章）

年　　月　　日

经办人：

2. 信息不符，请列明不符的详细情况：

（公司盖章）

年　　月　　日

经办人：

格式二

企业询证函

编号：

××（公司）：

本公司聘请的××会计师事务所正在对本公司××年度财务报表进行审计，按照中国注册会计师审计准则的要求，应当询证本公司与贵公司的往来账项等事项。请列示截止××年×月×日贵公司与本公司往来款项余额。回函请直接寄至××会计师事务所。

回函地址：

邮编：　　　　电话：　　　　传真：　　　　联系人：

本函仅为复核账目之用，并非催款结算。若款项在上述日期之后已经付清，仍请及时函复为盼。

（公司盖章）

年　　月　　日

1. 贵公司与本公司的往来账项列示如下：

单位：元

截止日期	贵公司欠	欠贵公司	备　注

2. 其他事项。

（公司盖章）

年　　月　　日

经办人：

（2）消极的函证方式。

如果采用消极的函证方式，注册会计师只要求被询证者仅在不同意询证函列示信息的情况下才予以回函。

在采用消极的函证方式时，如果收到回函，能够为财务报表认定提供说服力强的审计证据。未收到回函，可能是因为被询证者根本就没有收到询证函，而不是因为被询证者已收到询证函且核对无误。因此，积极的函证方式通常比消极的函证方式提供的审计证据可靠。所以，采用消极的方式函证，注册会计师通常还需辅之以其他审计程序。

当同时存在下列情况时，注册会计师可考虑采用消极的函证方式：

①重大错报风险评估为低水平；

②涉及大量余额较小的账户；

③预期不存在大量的错误；

④没有理由相信被询证者不认真对待函证。

《<中国注册会计师审计准则第1312号——函证>指南》提供的消极式询证函的格式如下：

企业询证函

编号：

××（公司）：

本公司聘请的××会计师事务所正在对本公司××年度财务报表进行审计，按照中国注册会计师审计准则的要求，应当询证本公司与贵公司的往来账项等事项。下列数据出自本公司账簿记录，如与贵公司记录相符，则无需回复；如有不符，请直接通知会计师事务所，并请在空白出列明贵公司认为是正确的信息。回函请直接寄至××会计师事务所。

回函地址：

邮编：　　　电话：　　　传真：　　　联系人：

1. 本公司与贵公司的往来账项列示如下：

单位：元

截止日期	贵公司欠	欠贵公司	备　注

2. 其他事项。

本函仅为复核账目之用，并非催款结算。若款项在上述日期之后已经付清，仍请及时核对为盼。

（公司盖章）

年　　月　　日

××会计师事务所：

上面的信息不正确，差异如下：

（公司盖章）

年　　月　　日

经办人：

（3）两种方式的结合使用。

在实务中，注册会计师也可将上述两种方式结合使用。以应收账款为例，应收账款的余额是由少量的大额应收账款和大量的小额应收账款构成时，注册会计师可以对所有的或抽取的大额应收账款样本采用积极的函证方式，而对抽取的小额应收账款样本采用消极的函证方式。

（七）函证的实施与评价

1. 函证实施过程的控制

当实施函证时，注册会计师应当对选择被询证者、设计询证函以及发出和收回询证函保持控制。出于掩盖舞弊的目的，被审计单位可能想方设法拦截或更改询证函及回函的内容。如果注册会计师对函证程序控制不严密，就可能给被审计单位以可乘之机，导致函证结果发生偏差和函证程序失效。

注册会计师应当采取下列措施，对函证实施过程进行控制：

（1）将被询证者的名称、地址与被审计单位有关记录核对；

（2）将询证函中列示的账户余额或其他信息与被审计单位有关资料核对；

（3）在询证函中指明直接向接受审计业务委托的会计师事务所回函；

（4）询证函经被审计单位盖章后，由注册会计师直接发出；

（5）将发出询证函的情况形成审计工作记录；

（6）将收到的回函形成审计工作记录，并汇总统计函证结果。

2. 以传真、电子邮件等方式回函时的处理

被询证者以传真、电子邮件等方式回函确实能让注册会计师及时得到回函信息，但由于这些方式易被截留、篡改或难以确定回函者的真实身份，因此，如果被询证者以传真、电子邮件等方式回函，注册会计师应当直接接收，并要求被询证者寄回询证函原件。

3. 积极式函证未收到回函时的处理

如果采用积极的函证方式实施函证而未能收到回函，注册会计师应与被询证者联系，要求对方作出回应或再次寄发询证函。如果未能得到被询证者的回应，注册会计师应实施替代审计程序。所实施的替代程序因所涉及的账

户和认定而异，但应能够提供实施函证所能够提供的同样效果的审计证据。例如，对应付账款的存在性认定，替代审计程序可能包括检查期后付款记录、对方提供的对账单等；对完整性认定，替代审计程序可能包括检查收货单等入库记录和凭证。

除非同时满足下列两个条件，注册会计师应当实施替代程序：

（1）注册会计师没有发现不回函存在异常原因或具有规律性。例如，所有没有回函的，都与期末前发生的交易有关。

（2）如果测试高估错报，在推断总体结果时，将所有没有收到回函的金额视为百分之百错误，由此得出的总体错报金额与其他领域的未调整错报相加，并不影响注册会计师对财务报表是否存在重大错报得出的结论。

4. 评价审计证据的充分性和适当性时应考虑的因素

如果实施函证和替代审计程序都不能提供财务报表有关认定的充分、适当的审计证据，注册会计师应当实施追加的审计程序。在评价实施函证和替代审计程序获取的审计证据是否充分、适当时，注册会计师应当考虑：

（1）函证和替代审计程序的可靠性；

（2）不符事项的原因、频率、性质和金额；

（3）实施其他审计程序获取的审计证据。

5. 评价函证的可靠性

在评价函证的可靠性时，注册会计师应当考虑：

（1）对询证函的设计、发出及收回的控制情况；

（2）被询证者的胜任能力、独立性、授权回函情况、对函证项目的了解及其客观性；

（3）被审计单位施加的限制或回函中的限制。

如果有迹象表明收回的询证函不可靠，注册会计师应当实施适当的审计程序予以证实或消除疑虑。例如，注册会计师可以通过直接打电话给被询证者等方式以验证回函的内容和来源。

6. 对不符事项的处理

注册会计师应当考虑不符事项是否构成错报及其对财务报表可能产生的影响，并将结果形成审计工作记录。

如果发现了不符事项，注册会计师应当进行细致的分析，以确定不符事项的原因，并作进一步核实。不符事项的原因可能是双方登记入账的时间不同，可能是一方或双方记账错误，也可能是被审计单位有舞弊行为。对应收账款而言，因登记入账的时间不同而产生的不符事项主要表现为：

（1）询证函发出时，债务人已经付款，而被审计单位尚未收到货款；

(2) 询证函发出时，被审计单位的货物已经发出并已作销售记录，但货物仍在途中，债务人尚未收到货物；

(3) 债务人由于某种原因将货物退回，而被审计单位尚未收到；

(4) 债务人对收到的货物的数量、质量及价格等方面有异议而全部或部分拒付货款等。

如果不符事项构成错报，注册会计师应当重新考虑所实施审计程序的性质、时间和范围。

五、分析程序

(一) 分析程序的目的

注册会计师实施分析程序的目的包括：

(1) 用作风险评估程序，以了解被审计单位及其环境。分析程序可以帮助注册会计师发现财务报表中的异常变化或者预期发生而未发生的变化，识别存在潜在重大错报风险的领域；分析程序还可以帮助注册会计师发现财务状况或盈利能力发生变化的信息和征兆，识别那些表明被审计单位持续经营能力问题的事项。

(2) 当使用分析程序比细节测试能更有效地将认定层次的检查风险降至可接受的水平时，分析程序可以用作实质性程序。在对评估的重大错报风险实施进一步审计程序时，注册会计师可以将分析程序作为实质性程序的一种，单独或结合其他细节测试，收集充分、适当的审计证据。此时运用分析程序可以减少细节测试的工作量，节约审计成本，降低审计风险，使审计工作更有效率和效果。

(3) 在审计结束或临近结束时对财务报表进行总体复核。在审计结束或临近结束时，注册会计师应当运用分析程序，在已收集的审计证据的基础上，对财务报表整体的合理性做最终把握，评价报表仍然存在重大错报风险而未被发现的可能性，考虑是否需要追加审计程序，以便为发表审计意见提供合理基础。

分析程序运用的不同目的，决定了分析程序运用的具体方法和特点。

(二) 用作风险评估程序

1. 总体要求

注册会计师在实施风险评估程序时，应当运用分析程序，了解被审计单位及其环境。在这个阶段运用分析程序是强制要求。

2. 在风险评估程序中的具体运用

注册会计师在将分析程序用作风险评估程序时，可以将分析程序与询问、检查和观察程序结合运用，以获取对被审计单位及其环境的了解，识别和评估财务报表层次及具体认定层次的重大错报风险。

在运用分析程序时，注册会计师应重点关注关键的账户余额、趋势和财务比率关系等，对其形成一个合理的预期，并与被审计单位记录的金额、依据记录金额计算的比率或趋势相比较。如果分析程序的结果显示的比率、比例或趋势与注册会计师对被审计单位及其环境的了解不一致，并且被审计单位管理层无法提出合理的解释，或者无法取得相关的支持性文件证据，注册会计师应当考虑其是否表明被审计单位的财务报表存在重大错报风险。

例如，注册会计师根据对被审计单位及其环境的了解，得知本期在生产成本中占较大比重的原材料成本大幅上升，因此预期在销售收入未有较大变化的情况下，由于销售成本的上升，毛利率应相应下降。但是，注册会计师通过分析程序发现，本期与上期的毛利率变化不大。注册会计师可能据此认为销售成本存在重大错报风险，应对其给予足够的关注。

需要注意的是，注册会计师无须在了解被审计单位及其环境的每一方面都实施分析程序。例如，在对内部控制的了解中，注册会计师一般不会运用分析程序。

3. 风险评估过程中运用的分析程序的特点

风险评估程序中运用的分析程序的主要目的在于识别那些可能表明财务报表存在重大错报风险的异常变化。因此，所使用的数据汇总性比较强，其对象主要是财务报表中账户余额及其相互之间的关系；所使用的分析程序通常包括对账户余额变化的分析，并辅之以趋势分析和比率分析。

与实质性分析程序相比，在风险评估过程中使用的分析程序所进行比较的性质、预期值的精确程度，以及所进行的分析和调查的范围都并不足以提供很高的保证水平。

（三）用作实质性程序

1. 总体要求

注册会计师应当针对评估的认定层次重大错报风险设计和实施实质性程序。实质性程序包括对各类交易、账户余额、列报的细节测试以及实质性分析程序。

实质性分析程序是指用作实质性程序的分析程序，它与细节测试都可用于收集审计证据，以识别财务报表认定层次的重大错报风险。当使用分析程序比细节测试能更有效地将认定层次的检查风险降至可接受的水平时，注册会计师可以考虑单独或结合细节测试运用实质性分析程序。实质性分析程序不仅仅是细节测试的一种补充，在某些审计领域，如果重大错报风险较低且数据之间具有稳定的预期关系，注册会计师可以通过单独使用实质性分析程序获取充分、适当的审计证据。

尽管分析程序有特定的作用，但并不要求注册会计师在实施实质性程序时必须使用分析程序。因为针对认定层次的重大错报风险，注册会计师不实施分析程序而实施细节测试，同样可能实现实质性程序的目的。另外，分析程序有其运用的前提和基础，它并不适用于所有的财务报表认定。

需要强调的是，相对于细节测试而言，实质性分析程序能够达到的精确度可能受到种种限制，所提供的证据在很大程度上是间接证据，证明力相对较弱。从审计过程整体来看，注册会计师不能仅依赖实质性分析程序而忽略对细节测试的运用。

实质性分析程序的运用包括以下几个步骤：

（1）识别需要运用分析程序的账户余额或交易；

（2）确定期望值；

（3）确定可接受的差异额；

（4）识别需要进一步调查的差异；

（5）调查异常数据关系；

（6）评估分析程序的结果。

2. 确定实质性分析程序对特定认定的适用性

并非所有认定都适用实质性分析程序。研究不同财务数据之间以及财务数据与非财务数据之间的内在关系是运用分析程序的基础，如果数据之间不存在稳定的可预期关系，注册会计师将无法运用实质性分析程序，而只能考虑利用检查、函证等其他审计程序收集充分、适当的审计证据，作为发表审计意见的合理基础。

在信赖实质性分析程序的结果时，注册会计师应当考虑实质性分析程序存在的风险，即分析程序的结果显示数据之间存在预期关系而实际上却存在重大错报。

在确定实质性分析程序对特定认定的适用性时，注册会计师应当考虑下列因素：

（1）评估的重大错报风险。鉴于实质性分析程序能够提供的精确度受到种种限制，评估的重大错报风险水平越高，注册会计师越应当谨慎使用实质性分析程序。如果针对特别风险仅实施实质性程序，注册会计师应当使用细节测试，或将细节测试和实质性分析程序结合使用，以获取充分、适当的审计证据。

（2）针对同一认定的细节测试。在对同一认定实施细节测试的同时，实

施实质性分析程序可能是适当的。

3. 数据的可靠性

注册会计师对已记录的金额或比率做出预期时，需要采用内部或外部的数据。

数据的可靠性直接影响根据数据形成的预期值。数据的可靠性越高，预期的准确性也将越高，分析程序将更有效。注册会计师计划获取的保证水平越高，对数据可靠性的要求也就越高。

数据的可靠性受其来源及性质影响，并有赖于其获取的环境。在确定实质性分析程序使用的数据是否可靠时，注册会计师应当考虑下列因素：

（1）可获得信息的来源。数据来源的客观性或独立性越强，所获取数据的可靠性将越高；经相互印证的不同来源的数据比单一来源的数据更可靠。

（2）可获得信息的可比性。实施分析程序使用的相关数据必须具有可比性。通常，被审计单位所处行业的数据与被审计单位的相关数据具有一定的可比性。对于生产和销售专门产品的被审计单位，注册会计师应考虑获取广泛的相关行业数据，以增强信息的可比性，进而提高数据的可靠性。

（3）可获得信息的性质和相关性。可获得的信息与审计目标越相关，数据就越可靠。

为了更全面地考量数据的可靠性，在实施实质性分析程序时，如果使用被审计单位编制的信息，注册会计师应当考虑测试与信息编制相关的控制，以及这些信息是否在本期或前期经过审计。

上述测试的结果有助于注册会计师就该信息的准确性和完整性获取审计证据，以更好地判断分析程序使用的数据是否可靠。如果注册会计师通过测试获知与信息编制相关的控制运行有效，或信息在本期或前期经过审计，该信息的可靠性将更高。

4. 作出预期的准确程度

准确程度是对预期值与真实值之间接近程度的度量，也称精确度。分析程序的有效性很大程度上取决于会计师形成的预期值的准确性。预期值的准确性越高，注册会计师通过分析程序获取的保证水平将越高。

在评价作出预期的准确程度是否足以在计划的保证水平上识别重大错报时，注册会计师应当考虑下列因素：

（1）对实质性分析程序的预期结果作出预测的准确性。例如，与各年度的研究开发和广告费用支出相比，注册会计师通常预期各期的毛利率更具有稳定性。

（2）信息可分解的程度。通常，数据的可分解程度越高，预期值的准确性越高，注册会计师将相应获取较高的保证水平。如被审计单位经营较复杂或呈多元化，分解程度高的详细数据更为重要。

（3）财务和非财务信息的可获得性。在设计实质性分析程序时，注册会计师应考虑是否可以获得财务信息（如预算和预测）以及非财务信息（如已生产或已销售产品的数量），以有助于运用分析程序。

5. 已记录金额与预期值之间可接受的差异额

预期值只是一个估计数据，大多数情况下与已记录金额不一致。为此，在设计和实施实质性分析程序时，注册会计师应当确定已记录金额与预期值之间可接受的差异额，将识别出的差异额与可接受的差异额进行比较，以确定差异是否重大、是否需要做进一步调查。

在确定可接受的差异额时，注册会计师主要应考虑各类交易、账户余额、列报及相关认定的重要性和计划的保证水平。通常，可容忍错报越低，可接受的差异额越小；计划的保证水平越高，可接受的差异额越小。

注册会计师可以通过降低可接受的差异额来应对重大错报风险的增加。可接受的差异额越低，注册会计师需要收集的审计证据越多，以尽可能发现财务报表中的重大错报，获取计划的保证水平。

如果在期中实施实质性程序，并计划在剩余期间实施实质性分析程序，注册会计师应当考虑实质性分析程序对特定认定的适用性、数据的可靠性、做出预期的准确程度以及可接受的差异额，并评估这些因素如何影响针对剩余期间获取充分、适当的审计证据的能力，此外，还应考虑某类交易的期末累计发生额或账户期末余额在金额、相对重要性及构成方面能否被合理预期。

如果认为仅实施实质性分析程序不足以收集充分、适当的审计证据，注册会计师还应测试剩余期间相关控制运行的有效性或针对期末实施细节测试。

（四）用于总体复核

1. 总体要求

在审计结束或临近结束时，注册会计师运用分析程序的目的在于确定财务报表整体是否与其对被审计单位的了解一致。这时运用分析程序是强制要求，注册会计师在这个阶段应当运用分析程序。

2. 总体复核阶段分析程序的特点

在总体复核阶段实施的分析程序主要在于强调并解释财务报表项目自上个会计期间以来发生的重大变化，以证实财务报表中列报的所有信息与注册会计师对被审计单位及其环境的了解一致，与注册会计师取得的审计证据一致。因此，与风险评估程序中使用分析性程序的主要差别在于实施分析程序的时间和重点不同，以及所取得的数据的数量和质量不同。另外，因为在总

体复核阶段实施的分析程序并非为了对特定账户余额和披露提供实质性的保证水平，因此并不如实质性分析程序那样详细和具体，而往往集中在财务报表层次。

3. 再评估重大错报风险

在运用分析程序进行总体复核时，如果识别出以前未识别的重大错报风险，注册会计师应当重新考虑对全部或部分各类交易、账户余额、列报评估的风险是否恰当，并在此基础上重新评价之前计划的审计程序是否充分，是否有必要追加审计程序。

第二节　审计工作底稿

一、审计工作底稿的含义和编制目的

（一）审计工作底稿的含义

审计工作底稿是指注册会计师对制定的审计计划、实施的审计程序、获取的相关审计证据以及得出的审计结论作出的记录。审计工作底稿是审计证据的载体，是注册会计师在审计过程中形成的审计工作记录和获取的资料，它形成于审计过程，也反映整个审计过程。

（二）编制审计工作底稿的目的

注册会计师应当及时编制审计工作底稿，以实现下列目的：

（1）提供充分、适当的记录，作为审计报告的基础。

（2）提供证据，证明其按照中国注册会计师审计准则的规定执行了审计工作。审计工作底稿是注册会计师形成审计结论、发表审计意见的直接依据。及时编制审计工作底稿，有助于提高审计工作的质量，便于在出具审计报告之前，对取得的审计证据和得出的审计结论进行有效复核和评价。

一般情况下，在审计工作执行过程中编制的审计工作底稿比事后编制的审计工作底稿更准确。

（三）编制审计工作底稿的文字

编制审计工作底稿应当使用中文。少数民族自治地区可以同时使用少数民族文字；中国境内的中外合作会计师事务所、国际会计公司成员所和联系所可以同时使用某种外国文字；会计师事务所执行涉外业务时可以同时使用某种外国文字。

（四）审计工作底稿的控制程序

会计师事务所应当对审计工作底稿实施适当的控制程序，以满足下列

要求：

（1）安全保管审计工作底稿，并对审计工作底稿保密；

（2）保证审计工作底稿的完整性；

（3）便于对审计工作底稿的使用和检索；

（4）按照规定的期限保存审计工作底稿。

二、审计工作底稿的性质

（一）审计工作底稿的存在形式和内容

1. 审计工作底稿的存在形式

审计工作底稿可以以纸质、电子或其他介质形式存在。无论以哪种形式存在，会计师事务所都应当针对审计工作底稿设计和实施适当的控制，以实现下列目的：

（1）使审计工作底稿清晰地显示其生成、修改及复核的时间和人员；

（2）在审计业务的所有阶段，尤其是在项目组成员共享信息或通过互联网将信息传递给其他人员时，保护信息的完整性和安全性；

（3）防止未经授权改动审计工作底稿；

（4）允许项目组和其他经授权的人员为适当履行职责而接触审计工作底稿。

在实务中，为便于复核，注册会计师可以将以电子或其他介质形式存在的审计工作底稿通过打印等方式转换成纸质形式的审计工作底稿，并与其他纸质形式的审计工作底稿一并归档，同时，单独保存这些以电子或其他介质形式存在的审计工作底稿。

2. 审计工作底稿的内容

审计工作底稿通常包括总体审计策略、具体审计计划、分析表、问题备忘录、重大事项概要、询证函回函、管理层声明书、核对表、有关重大事项的往来信件（包括电子邮件）以及对被审计单位文件记录的摘要或复印件等内容。此外，审计工作底稿通常还包括业务约定书、管理建议书、项目组内部或项目组与被审计单位举行的会议记录、与其他人士（如其他注册会计师、律师、专家等）的沟通文件及错报汇总表等。

3. 审计工作底稿通常不包括的内容

审计工作底稿通常不包括已被取代的审计工作底稿的草稿或财务报表的草稿、对不全面或初步思考的记录、存在印刷错误或其他错误而作废的文本，以及重复的文件记录等。由于这些草稿、错误的文本或重复的文件记录不直接构成审计结论和审计意见的支持性证据，因此，注册会计师通常无需保留

这些记录。

（二）审计工作底稿的归整

注册会计师应将每项具体审计业务的审计工作底稿归整为审计档案。归整审计档案时，有些会计师事务所基于具体实务中对审计档案使用的时间将审计档案分为永久性档案和当期档案。

1. 永久性档案

永久性档案是指那些记录内容相对稳定，具有长期使用价值，并对以后审计工作具有重要影响和直接作用的审计档案。如被审计单位的组织结构、批准证书、营业执照、章程、重要资产的所有权或使用权的证明文件复印件等。若永久性档案中的某些内容已发生变化，注册会计师应当及时予以更新。为保持资料的完整性及满足日后查阅历史资料的需要，永久性档案中被替换下的资料一般也需保留。

2. 当期档案

当期档案是指那些记录内容经常变化，主要供当期审计使用的审计档案。如总体审计策略和具体审计计划。

三、审计工作底稿的格式、要素和范围

（一）总体要求

1. 编制要求

编制审计工作底稿，应当使未曾接触该项审计工作的有经验的专业人士清楚地了解以下内容：

（1）按照审计准则的规定实施的审计程序的性质、时间和范围；

（2）实施审计程序的结果和获取的审计证据；

（3）就重大事项得出的结论。

2. 确定审计工作底稿格式、内容和范围时考虑的因素

在确定审计工作底稿的格式、内容和范围时，注册会计师应当考虑下列因素：

（1）实施审计程序的性质。不同的审计程序会使注册会计师获取不同性质的审计证据，编制不同格式、内容和范围的审计工作底稿。

（2）已识别的重大错报风险。识别和评估的重大错报风险水平的不同可能导致注册会计师实施的审计程序和获取的审计证据不尽相同。

（3）在执行审计工作和评价审计结果时需要作出判断的范围。审计程序的选择和实施及审计结果的评价通常需要不同程度的职业判断。

（4）已获取审计证据的重要程度。通过执行多项审计程序，注册会计师

可能会获取不同的审计证据，有些审计证据的相关性和可靠性较高，有些则质量较差，注册会计师可能区分不同的审计证据进行有选择性的记录，因此，审计证据的重要程度也会影响审计工作底稿的格式、内容和范围。

（5）已识别的例外事项的性质和范围。有时注册会计师在执行审计程序时会发现例外事项，由此可能导致审计工作底稿在格式、内容和范围方面的不同。

（6）当从已执行审计工作或获取审计证据的记录中不易确定结论或结论的基础时，记录结论或结论基础的必要性。

（7）使用的审计方法和工具。

（二）审计工作底稿的要素

（1）被审计单位即财务报表的编报单位名称，可以写简称。若财务报表的编报单位为某一集团的下属公司，则应同时写明下属公司的名称。

（2）审计项目名称。即某一财务报表项目名称或某一审计程序及实施对象的名称。如具体审计项目是某一分类会计科目，则应同时写明该分类会计科目。

（3）审计项目时点或期间。即某一资产负债类项目的报告时点或某一损益类项目的报告期间。

（4）审计过程记录。即注册会计师的审计轨迹与专业判断的记录。注册会计师应将其实施审计而达到审计目标的过程记录在审计工作底稿中。

（5）审计结论。即注册会计师通过实施必要的审计程序后，对某一审计事项所作的专业判断。就符合性测试而言，是指注册会计师对被审计单位内部控制执行情况的满意程度以及是否可以信赖；就实质性测试而言，是指注册会计师对某一审计事项的余额或发生额的确认情况。

（6）审计标识及其说明。审计标识是注册合计师为便于表达审计含义而采用的符号。为了便于他人理解，注册会计师应在审计工作底稿中说明各种审计标识所代表的含义，或采用审计标识及其说明表的形式统一说明。审计标识应前后一致。

（7）索引号及页次。索引号即注册会计师为整理利用审计工作底稿，将具有同一性质或反映同一具体审计事项的审计工作底稿分别归类，形成相互联系、相互控制所作的特定编号；页次即同一索引号下不同的审计工作底稿的顺序编号。

（8）编制者姓名及编制日期。即注册会计师必须在其编制的审计工作底稿上签名和签署日期。签名时可用简称，但应以适当方式加以说明。

（9）复核者姓名及编制日期。即注册会计师必须在其复核过的审计工作

底稿上签名和签署日期。签名时可用简称，但应以适当方式加以说明。若有多级复核，每级复核者均应签署姓名和日期。

每一张审计工作底稿通常均需注明执行审计工作的人员和复核人员姓名、完成该项审计工作的日期以及完成复核的日期。

在实践中，如果若干页的审计工作底稿记录同一性质的具体审计程序或事项，并且编制在同一个索引号中，此时可以仅在审计工作底稿的第一页上记录审计工作的执行人员和复核人员并注明日期。

（10）其他应说明事项。即注册会计师根据其他专业判断，认为应在审计工作底稿中予以记录的其他相关事项。

（11）审计工作底稿索引号及其标识示例：

①索引号示例：

A：代表流动资产类底稿，其中，A1 代表现金，A2 代表银行存款，……，A9 代表存货；

B：代表长期股权投资。

②标识示例：

∧：代表纵向相加；

<：代表横向相加；

B：代表与上年结转核对一致；

T：代表与原始凭证核对一致；

G：代表与总分类账核对一致；

S：代表与明细账核对一致；

T/B：代表与试算平衡表核对一致；

C：代表已发询证函；

C \：代表已收回询证函；

*：代表备注。

（三）审计过程记录

1. 记录特定项目或事项的识别特征

在记录实施审计程序的性质、时间和范围时，注册会计师应当记录测试的特定项目或事项的识别特征。记录特定项目或事项的识别特征可以实现多种目的，如便于对例外事项或不符事项进行检查，以及对测试的项目或事项进行复核。

识别特征是指被测试的项目或事项表现出的征象或标志。识别特征因审计程序的性质和所测试的项目或事项不同而不同。就某一个具体项目或事项而言，其识别特征通常具有唯一性，这种特性可以使其他人员根据识别特征在总体中识别该项目或事项并重新执行该测试。以下为部分审计程序中所测

试的样本的识别特征：

（1）如在对被审计单位生成的订购单进行细节测试时，注册会计师可能以订购单的日期或编号作为测试订购单的识别特征。需要注意的是，在以日期或编号作为识别特征时，注册会计师需要同时考虑被审计单位对订购单编号的方式。例如，若被审计单位按年对订购单依次编号，则识别特征是××××年的××号；若被审计单位仅以序列号进行编号，则可以直接将该号码作为识别特征。

（2）对于需要选取或复核既定总体内一定金额以上的所有项目的审计程序，注册会计师可能会以实施审计程序的范围作为识别特征。例如，总账中一定金额以上的所有会计分录。

（3）对于需要系统化抽样的审计程序，注册会计师可能会通过记录样本的来源、抽样的起点及抽样间隔来识别已选取的样本。例如，若被审计单位对发运单顺序编号，测试的发运单的识别特征可以是：对4月1日至9月30日的发运台账，从第12345号发运单开始每隔125号系统抽取发运单。

（4）对于需要询问被审计单位特定人员的审计程序，注册会计师可能会以询问的时间、被询问人的姓名及职位作为识别特征。

（5）对于观察程序，注册会计师可能会以观察的对象或观察过程、观察的地点和时间作为识别特征。

2. 重大事项

注册会计师应当根据具体情况判断某一事项是否属于重大事项。重大事项通常包括：

（1）引起特别风险的事项；

（2）实施审计程序的结果，该结果表明财务信息可能存在重大错报，或需要修正以前对重大错报风险的评估和针对这些风险拟采取的应对措施；

（3）导致注册会计师难以实施必要审计程序的情形；

（4）导致出具非标准审计报告的事项。

注册会计师应当及时记录与管理层、治理层和其他人员对重大事项的讨论，包括讨论的内容、时间、地点和参加人员。

注册会计师应当考虑编制重大事项概要，将其作为审计工作底稿的组成部分，以有效地复核和检查审计工作底稿，并评价重大事项的影响。重大事项概要包括审计过程中识别的重大事项及其如何得到解决，或对其他支持性审计工作底稿的交叉索引。

3. 记录针对重大事项如何处理的矛盾或不一致的情况

如果识别出的信息与针对某重大事项得出的最终结论相矛盾或不一致，注册会计师应当记录形成最终结论时如何处理该矛盾或不一致的情况。

上述情况包括但不限于注册会计师针对该信息执行的审计程序、项目组成员对某事项的职业判断不同而向专业技术部门的咨询情况，以及项目组成员和被咨询人员的不同意见（如项目组与专业技术部门的不同意见）的解决情况。

记录如何处理识别出的信息与针对重大事项得出的结论相矛盾或不一致的情况是非常必要的，它有助于注册会计师关注这些矛盾或不一致，并对此执行必要的审计程序，以恰当地解决这些矛盾或不一致。

但是，对如何解决这些矛盾或不一致的记录要求并不意味着注册会计师需要保留不正确的或被取代的资料。此外，对于职业判断的差异，若初步的判断意见是基于不完整的资料或数据，则注册会计师也无需保留这些初步的判断意见。

4. 其他准则中的相关记录要求

四、审计工作底稿的归档

（一）审计工作底稿归档的期限

审计工作底稿的归档期限为审计报告日后60天内。如果注册会计师未能完成审计业务，审计工作底稿的归档期限为审计业务中止后的60天内。

如果针对客户的同一财务信息执行不同的委托业务，出具两个或多个不同的报告，会计师事务所应当将其视为不同的业务，根据会计师事务所内部制定的政策和程序，在规定的归档期限内分别将审计工作底稿归整为最终审计档案。

（二）审计工作底稿归档的性质

在出具审计报告前，注册会计师应完成所有必要的审计程序，取得充分、适当的审计证据，并得出适当的审计结论。由此，在审计报告日后将审计工作底稿归整为最终审计档案是一项事务性的工作，不涉及实施新的审计程序或得出新的结论。

如果在归档期间对审计工作底稿作出的变动属于事务性的，注册会计师可以做出变动，主要包括：

（1）删除或废弃被取代的审计工作底稿；

（2）对审计工作底稿进行分类、整理和交叉索引；

（3）对审计档案归整工作的完成核对表签字认可；

（4）记录在审计报告日前获取的、与审计项目组相关成员进行讨论并取得一致意见的审计证据。

（三）审计工作底稿归档后的变动

1. 修改或增加审计工作底稿时的记录要求

在完成最终审计档案的归整工作后，如果发现有必要修改现有审计工作底稿或增加新的审计工作底稿，无论修改或增加的性质如何，注册会计师均应当记录下列事项：

（1）修改或增加审计工作底稿的时间和人员，以及复核的时间和人员；

（2）修改或增加审计工作底稿的具体理由；

（3）修改或增加审计工作底稿对审计结论产生的影响。

修改现有审计工作底稿主要是指在保持原审计工作底稿中所记录的信息，即对原记录信息不予删除（包括涂改、覆盖等方式）的前提下，采用增加新信息的方式予以修改。

一般情况下，在审计报告归档之后不需要对审计工作底稿进行修改或增加。注册会计师发现有必要修改现有审计工作底稿或增加新的审计工作底稿的情形主要有以下两种：

（1）注册会计师已实施了必要的审计程序，取得了充分、适当的审计证据并得出了恰当的审计结论，但审计工作底稿的记录不够充分；

（2）审计报告日后，发现例外情况要求注册会计师实施新的或追加审计程序，或导致注册会计师得出新的结论。

2. 规定保存期届满前不得删除或废弃审计工作底稿

在完成最终审计档案的归整工作后，注册会计师不得在规定的保存期届满前删除或废弃审计工作底稿。

（四）审计工作底稿的保存期限

会计师事务所应当自审计报告日起，对审计工作底稿至少保存 10 年。如果注册会计师未能完成审计业务，会计师事务所应当自审计业务中止日起，对审计工作底稿至少保存 10 年。

值得注意的是，对于连续审计的情况，当期归整的永久性档案可能包括以前年度获取的资料（有可能是 10 年以前），这些资料虽然是在以前年度获取的，但由于其作为本期档案的一部分，并作为支持审计结论的基础，因此，注册会计师应视这些对当期有效的档案为当期取得并保存 10 年。如果这些资料在某一个审计期间被替换，被替换资料可以从被替换的年度起至少保存 10 年。

五、审计报告日后对审计工作底稿的变动

在审计报告日后，如果发现例外情况要求注册会计师实施新的或追加的审计程序，或导致注册会计师得出新的结论，注册会计师应当记录：

（1）遇到的例外情况；

（2）实施的新的或追加的审计程序、获取的审计证据以及得出的结论；

（3）对审计工作底稿作出变动及其复核的时间和人员。

例外情况主要是指审计报告日后发现与已审计财务信息相关，且在审计报告日已经存在的事实，该事实如果被注册会计师在审计报告日前获知，可能影响审计报告。例如，注册会计师在审计报告日后才获知法院在审计报告日前已对被审计单位的诉讼、索赔事项作出最终判决结果。

例外情况可能在审计报告日后发现，也可能在财务报表报出日后发现，注册会计师应当按照《中国注册会计师审计准则第 1332 号——期后事项》第四章“财务报表报出后发现的事实”的相关规定，对例外事项实施新的或追加的审计程序。

另外，发现例外情况对审计工作底稿作出的变动可能会发生在归整工作结束前。在这种情况下，无论是否出具新的审计报告，原审计工作底稿中的内容均构成原审计报告的支持证据。

复习思考题

1. 何谓审计证据？它有什么作用？
2. 确定审计证据相关性时应考虑哪些因素？
3. 确定审计证据可靠性时应考虑哪些原则？
4. 如何正确理解充分性与适当性的关系？
5. 评价审计证据充分性适当性时应注意哪些问题？
6. 获取审计证据的审计程序有哪几种类型？
7. 何谓分析程序？其运用目的是什么？
8. 何谓审计工作底稿？它有何作用？

8 CHAPTER 第八章 内部控制及其测试与评价

内部控制是管理现代化的产物。它是在早期内部牵制的基础上，伴随着单位内部科学管理的压力和外部审计开展的动力，由单位管理人员在经营管理的实践中创造，并经审计人员理论总结而逐步发展完善的。内部控制存在于各类经济单位。

第一节 内部控制概述

一、内部控制的演进

内部控制是随着人类社会发展而演变的，其在社会发展的各个阶段具有不同的内涵和外延。

一般认为，内部控制理论产生与发展的历程可分为以下五个阶段：

(一) 萌芽阶段（公元前3600年至20世纪40年代）：内部牵制

内部控制起源于内部牵制。1912年，R. H. 蒙哥马利在《审计——理论与实践》一书中指出，所谓内部牵制，是指一个人不能完全支配账户，另一个人也不能独立地加以控制的制度。某位职员的业务与另一位职员的业务必须是相互弥补、相互牵制的关系，即必须进行组织上的责任分工和业务的交叉检查或交叉控制，以便相互牵制，防止发生错误或弊端。

内部牵制的执行大致可分为实物牵制（双人保管保险柜钥匙、付款清单等重要物品）、机械牵制（不按照程序操作的业务无法继续进行）、体制牵制（采用双人记账等双重控制措施来预防错误和舞弊的发生）以及簿记牵制（采用账目核对等复式记账、借贷平衡的平行登记、总账和明细账定期核对等）四类。

在萌芽阶段，内控活动的主线是查错防弊，即防止记录差错和财货被侵吞，其主要方法是账户核对和职务分工。

至今，现代企业内部控制中仍然闪耀着古代内部牵制思想和方法的光芒。例如，现代会计记录依然沿用意大利复式记账方法，现代的“四眼原则”则

是西周时期要求财赋管理应做到的“一豪财赋之出入，数人耳目之通焉”的演绎。

（二）发展阶段（20 世纪 40 年代至 80 年代）：企业内部控制制度

“内部控制”一词最早见诸文字，是作为审计术语出现在审计文献中的。1934 年，美国《证券交易法》首先提出了“内部会计控制”（Internal Accounting Control System）的概念。1936 年由美国会计师协会发布的《注册会计师对财务报表的审查》文告以及 1947 年的《审计准则暂行公告》（TSAS），出于改进审计方式的需要，提出了以内部控制（Internal Control）为基础的审计程序。

1949 年，美国职业会计师协会所属的审计程序委员会第一次提出了内部控制的概念，即：内部控制包括经济单位的计划及经济单位为保护其财产、检查其会计资料的准确性和可靠性，提高经营效率，保证既定的管理政策得以实施而采取的所有方法和措施。该定义认为内部控制系统已远远超出了财务、会计的范围。

1958 年，该委员会将企业内部控制分为内部会计控制和内部管理控制。前者指与财产安全和会计记录正确性相关的程序和方法，后者指与贯彻管理方针和提高经济效率相关的程序和方法。这就是我们目前所熟知的内部控制的“制度二分法”的由来。

1963 年与 1972 年又两次重新定义内部会计控制和内部管理控制，使内部管理控制的含义进一步具体化。

（三）形成阶段（20 世纪 80 年代至 90 年代）：企业内部控制结构

进入 20 世纪 80 年代以后，内部控制的研究重点逐步从一般含义研究转向具体内容的深化。

1988 年 5 月，美国注册会计师协会发布《审计准则公告第 55 号》，以“内部控制结构”概念取代了“内部控制制度”概念。该公告认为，内部控制结构是指为企业特定目标提供合理保证而建立的各种政策与程序，包括控制环境、会计制度和控制程序三个要素。其中，会计制度是内部控制结构的关键要素，控制程序是保证内部控制结构有效运行的机制。

这一概念跳出了“制度二分法”的圈子，特别强调了管理者对企业内部控制的态度、认识和行为等对控制环境的重要作用，指出这些环境因素是实现企业内部控制目标的环境保证，要求审计师在评估控制风险时不仅要关注会计控制制度与控制程序，还应对企业所面临的内外环境进行评估。

（四）成熟阶段（20 世纪 90 年代至 21 世纪）：企业内部控制整体框架

1985 年，美国注册会计师协会（AICPA）、美国会计学会（AAA）、财务执行官协会（FEI）、国际内部审计师协会（IIA）、管理会计师协会（MAA）共同赞助成立了反虚假财务报告委员会（Treadway 委员会），旨在探讨财务报告中舞弊产生的原因，并寻找解决措施。该委员会虽然未对内部控制提出结论，但其研究指出，50% 的财务舞弊事件可全部或部分归因于内部控制不健全。基于该委员会的建议，其赞助机构成立了 COSO 委员会（Committee of Sponsoring Organization），专门研究内部控制问题。

1992 年 9 月，COSO 委员会发布《内部控制——整体框架》报告（1994 年进行了增补），论述了 COSO 内部控制框架，指出：内部控制是由董事、管理层及其他人员在公司内进行的，旨在为经营的有效性、财务报告的可靠性、适用法律法规的遵从性提供合理保证的过程；内部控制由五个相互联系的要素组成，即控制环境、风险评估、控制活动、信息与沟通、监控。

在美国建立 COSO 内部控制框架后，加拿大特许会计师协会的 COCO 委员会（Criteria of Control Board，控制标准委员会）于 1995 年 11 月提出了“控制原则标准”（the Criteria of Control Principles，即“CoCo”框架）。CoCo 框架提出了目标、承诺、能力、学习和监督四大类控制标准，也即四个基本要素，这四个基本要素通过“行动”联结成一个循环。英国的 Cadbury 委员会也提出了一个与 COSO 相似的内控框架。

我国 2007 年 1 月 1 实施的《中国注册会计师审计准则 1211 号——了解被审计单位及其环境并评估重大错报风险》准则、2004 年 2 月 1 日实施的《国家审计准则——审计机关内部控制测评准则》和 2003 年 6 月 1 日实施的《内部审计具体准则第 5 号——内部控制审计》准则均采纳了 COSO 的内部控制框架。

（五）新发展（21 世纪以来）：企业风险管理框架（ERM）

2001 年 11 月，美国安然公司财务丑闻曝光；6 个月后，世通公司再度爆发丑闻；这一期间美国有 338 家上市公司总计 4 093 亿美元的资产申请破产保护，投资者、员工和其他利益相关者遭受了巨大的损失。为了应对这一系列上市公司财务欺诈事件所造成的美国股市危机，重树投资者对股市的信心，美国国会出台了《2002 年公众公司会计改革和投资者保护法案》，即《2002 年萨班斯—奥克斯利法案》（SOX 法案）。SOX 法案对美国《1933 年证券法》、《1934 年证券交易法》作了不少修订，其中的 302 条款和 404 条款对所有在美国上市的公司的内部控制体系建设提出了要求。

作为对 SOX 法案的积极反应，2004 年 9 月，COSO 委员会颁布了《企业风险管理——整合框架》。该风险管理框架就是在 COSO1992 年的研究成果——《内部控制框架》报告的基础上，结合 SOX 法案的要求，进行扩展研究提出来的，被公认为是目前满足 SOX 法案所要求的企业内部控制体系的最

佳实践依据。

COSO认为：企业风险管理是一个由企业的董事会、管理层和其他员工共同参与的，应用于企业战略制定和企业内部各个层次和部门的，用于识别可能对企业造成潜在影响的事项并在其风险偏好范围内管理风险的，为企业目标的实现提供合理保证的过程。它包括四个目标（即战略目标、经营目标、报告目标和合规目标）、八个组成要素（即内部环境、目标设定、事件识别、风险评估、风险反应、控制活动、信息与沟通、监督）。

简单地看，相对于内部控制框架而言，新的COSO报告新增加了一个观念、一个目标、两个概念和三个要素，即"风险组合观"、"战略目标"、"风险偏好"和"风险容忍度"的概念以及"目标制定"、"事项识别"和"风险反应"要素。对应风险管理的需要，新框架还要求企业设立一个新的部门——风险管理部。与内部控制框架相比，新的风险管理框架无论在内容上还是范围上都有所扩大和提高。

二、内部控制的概念及目标

（一）内部控制的概念

《中国注册会计师审计准则第1211号——了解被审计单位及其环境并评估重大错报风险》给出的内部控制定义是：内部控制是被审计单位为了合理保证财务报告的可靠性、经营的效率和效果以及对法律法规的遵守，由治理层、管理层和其他人员设计和执行的政策和程序。

《审计机关内部控制测评准则》给出的内部控制定义是：内部控制是指被审计单位为了维护资产的安全、完整，确保会计信息的真实、可靠，保证其管理或者经营活动的经济性、效率性和效果性并遵守有关法规而制定和实施相关政策、程序和措施的过程。

《内部审计具体准则第5号——内部控制审计》给出的内部控制定义是：内部控制是指组织内部为实现经营目标、保护资产安全完整、保证遵循国家法律法规、提高组织运营的效率及效果而采取的各种政策和程序。

2008年6月28日，财政部、证监会、审计署、银监会、保监会联合发布《企业内部控制基本规范》（以下简称基本规范），自2009年7月1日起先在上市公司范围内施行，鼓励非上市的其他大中型企业执行。

根据这一基本规范，执行基本规范的上市公司应当对本公司内部控制的有效性进行自我评价，披露年度自我评价报告，并可聘请具有证券、期货业务资格的中介机构对内部控制的有效性进行审计。

基本规范科学界定了内部控制的内涵，强调内部控制是由企业董事会、监事会、经理层和全体员工实施的、旨在实现控制目标的过程。内部控制的目标是合理保证企业经营管理合法合规，资产安全、财务报告及相关信息真实完整，提高经营效率和效果，促进企业实现发展战略。

综上所述，应从以下几方面来理解内部控制的概念：

（1）内部控制是一个过程，是实现目标的手段，而不是结果本身。

（2）内部控制会受到企业内部各层次人员的影响，而不是简单地制定出一个制度或规章。

（3）对管理层或董事会来说，内部控制提供的只是合理的保证，而非绝对的保证。

（4）内部控制的目的在于实现组织的一个或几个目标。

（二）内部控制的目标

建立健全内部控制是被审计单位的责任，而非审计人员的责任。内部控制的目标是指被审计单位设置和执行内部控制所要实现的目的或达到的效果。根据基本规范的规定，内部控制的目标主要包括：

（1）保证企业经营管理合法合规；

（2）保证资产安全；

（3）保证财务报告及相关信息真实完整；

（4）提高经营效率和效果；

（5）促进企业实现发展战略。

（三）内部控制的局限性

不管被审计单位设计和执行内部控制多么认真和严格，审计人员都不能认为它是完全有效的。即使单位能够设计一个理想的控制，该控制的效果还将取决于执行这一制度的人员的胜任能力和可靠程度。所以，单位内部控制有固有的局限性，具体表现为：

（1）内部控制的设计和运行受成本效益的限制；

（2）内部控制执行人员不能完全杜绝粗心、精力不集中、身体欠佳、判断失误或误解；

（3）内部控制只适用于经常性事项而非例外事项；

（4）内部控制执行人员不能完全杜绝合伙或内外串通舞弊；

（5）管理人员不能正确使用权力或滥用职权；

（6）因情况变化使原来的控制措施失效。

（四）与内部控制相关的概念

1. 内部控制与经营管理

内部控制在经营管理中处于中心地位，接近管理本质。改善经营管理是

完善严密内部控制制度的目的，完善严密的企业内部控制制度是改善经营管理不可缺少的手段。但并非所有的管理活动都是内部控制。

2. 内部控制与内部审计

内部审计是组织内的一种评估活动，是内部控制的一个重要组成部分。内部控制的基本目的在于促进组织的有效运营；而内部审计的目的在于协助管理层调查、评估内部控制制度，适时提出改进建议，以求内部控制制度得以持续实施。二者紧密相关，先有内部控制之建立，后有内部审计之评估。

三、内部控制的构成要素

内部控制的要素是构成内部控制内容的基本单位。按基本规范的规定，内部控制由内部环境、风险评估、控制活动、信息与沟通和内部监督五大要素构成。

（一）内部环境

内部环境是企业实施内部控制的基础，一般包括治理结构、机构设置及权责分配、内部审计、人力资源政策、企业文化等。

1. 治理结构

治理结构包括内部治理结构和外部治理结构。内部治理结构是由股东大会、董事会、监事会和经理等组成的用来约束和管理经营者的行为的控制制度。外部治理结构是通过竞争的外部市场（如资本市场、经理市场、产品市场、兼并市场等）和管理体制对企业管理行为实施约束的控制制度。这里所讲的治理结构指内部治理结构，属法律层面的问题。

基本规范要求企业应当根据国家有关法律法规和企业章程，建立规范的公司治理结构和议事规则，明确决策、执行、监督等方面的职责权限，形成科学有效的职责分工和制衡机制。

股东（大）会享有法律法规和企业章程规定的合法权利，依法行使企业经营方针、筹资、投资、利润分配等重大事项的表决权。

董事会对股东（大）会负责，依法行使企业的经营决策权。

监事会对股东（大）会负责，监督企业董事、经理和其他高级管理人员依法履行职责。

经理层负责组织实施股东（大）会、董事会决议事项，主持企业的生产经营管理工作。

董事会负责内部控制的建立健全和有效实施。监事会对董事会建立与实施内部控制进行监督。经理层负责组织领导企业内部控制的日常运行。

企业应当成立专门机构或者指定适当的机构具体负责组织协调内部控制

的建立实施及日常工作。

企业应当在董事会下设立审计委员会。审计委员会负责审查企业内部控制，监督内部控制的有效实施和自我评价情况，协调内部控制审计及其他相关事宜等。审计委员会负责人应当具备相应的独立性、良好的职业操守和专业胜任能力。

2. 机构设置及权责分配

企业应当结合业务特点和内部控制要求设置内部机构，明确职责权限，将权利与责任落实到各责任单位。

企业应当通过编制内部管理手册，使全体员工掌握内部机构设置、岗位职责、业务流程等情况，明确权责分配，正确行使职权。

3. 内部审计

企业应当加强内部审计工作，保证内部审计机构设置、人员配备和工作的独立性。

内部审计机构应当结合内部审计监督，对内部控制的有效性进行监督检查。内部审计机构对监督检查中发现的内部控制缺陷，应当按照企业内部审计工作程序进行报告；对监督检查中发现的内部控制重大缺陷，有权直接向董事会及其审计委员会、监事会报告。

4. 人力资源政策

企业应当制定和实施有利于企业可持续发展的人力资源政策。人力资源政策应包括下列内容：

（1）员工的聘用、培训、辞退与辞职；

（2）员工的薪酬、考核、晋升与奖惩；

（3）关键岗位员工的强制休假制度和定期岗位轮换制度；

（4）掌握国家秘密或重要商业秘密的员工离岗的限制性规定；

（5）有关人力资源管理的其他政策。

企业应当将职业道德修养和专业胜任能力作为选拔和聘用员工的重要标准，切实加强员工培训和继续教育，不断提升员工素质。

5. 企业文化

企业应当加强文化建设，培育积极向上的价值观和社会责任感，倡导诚实守信、爱岗敬业、开拓创新和团队协作精神，树立现代管理理念，强化风险意识。

董事、监事、经理及其他高级管理人员应在企业文化建设中发挥主导作用。

企业员工应遵守员工行为守则，认真履行岗位职责。

企业应当加强法制教育，增强董事、监事、经理及其他高级管理人员和员工的法制观念，严格依法决策、依法办事、依法监督，建立健全法律顾问制度和重大法律纠纷案件备案制度。

（二）风险评估

风险评估指企业及时识别和系统分析经营活动中与实现内部控制目标相关的风险，合理确定风险应对策略。企业应当根据设定的控制目标，全面、系统、持续地收集相关信息，结合实际情况，及时进行风险评估。

1. 风险识别

企业开展风险评估，应当准确识别与实现控制目标相关的内部风险和外部风险，确定相应的风险承受度。风险承受度是企业能够承担的风险限度，包括整体风险承受能力和业务层面的可接受风险水平。

（1）企业识别内部风险应关注下列因素：

①董事、监事、经理及其他高级管理人员的职业操守、员工专业胜任能力等人力资源因素；

②组织机构、经营方式、资产管理、业务流程等管理因素；

③研究开发、技术投入、信息技术运用等自主创新因素；

④财务状况、经营成果、现金流量等财务因素；

⑤营运安全、员工健康、环境保护等安全环保因素；

⑥其他有关内部风险因素。

（2）企业识别外部风险应关注下列因素：

①经济形势、产业政策、融资环境、市场竞争、资源供给等经济因素；

②法律法规、监管要求等法律因素；

③安全稳定、文化传统、社会信用、教育水平、消费者行为等社会因素；

④技术进步、工艺改进等科学技术因素；

⑤自然灾害、环境状况等自然环境因素；

⑥其他有关外部风险因素。

2. 风险分析

企业应当采用定性与定量相结合的方法，按照风险发生的可能性及其影响程度等，对识别的风险进行分析和排序，确定关注重点和优先控制的风险。

企业进行风险分析，应当充分吸收专业人员，组成风险分析团队，按照严格规范的程序开展工作，确保风险分析结果的准确性。

3. 风险应对

企业应当根据风险分析的结果，结合风险承受度，权衡风险与收益，确定风险应对策略。

企业应当合理分析、准确掌握董事、经理及其他高级管理人员、关键岗位员工的风险偏好，采取适当的控制措施，避免因个人风险偏好给企业经营带来重大损失。

企业应当综合运用风险规避、风险降低、风险分担和风险承受等风险应对策略，实现对风险的有效控制。风险规避是企业对超出风险承受度的风险通过放弃或者停止与该风险相关的业务活动以避免和减轻损失的策略。风险降低是企业在权衡成本效益之后，准备采取适当的控制措施降低风险或者减轻损失，将风险控制在风险承受度之内的策略。风险分担是企业准备借助他人力量，采取业务分包、购买保险等方式和适当的控制措施，将风险控制在风险承受度之内的策略。风险承受是企业对风险承受度之内的风险，在权衡成本效益之后，不准备采取控制措施降低风险或者减轻损失的策略。

企业应当结合不同发展阶段和业务拓展情况，持续收集与风险变化相关的信息，进行风险识别和风险分析，及时调整风险应对策略。

（三）控制活动

控制活动是企业根据风险评估结果，采用相应的控制措施，将风险控制在可承受度之内。企业应当结合风险评估结果，通过手工控制与自动控制、预防性控制与发现性控制相结合的方法，运用相应的控制措施，将风险控制在可承受度之内。

1. 控制措施

控制措施一般包括不相容职务分离控制、授权审批控制、会计系统控制、财产保护控制、预算控制、运营分析控制和绩效考评控制等。

（1）不相容职务分离控制。

不相容职务分离控制是一种事前控制，是指对于单位内部的不相容的职务必须进行分工负责，不能由一个人同时兼任。这项控制保证了有关人员在处理经济业务时能够相互制约。

不相容职务指某些相关联的两项或多项业务如果集中由一人办理会增大错误和弊端的可能性。具体来讲，不相容职务主要包括以下内容：授权批准某项业务与执行该项业务职责分离；执行某项业务与审核该项业务职责分离；执行某项业务与记录该项业务职责分离；保管某项财产物资与记录该项财产物资职责分离；保管某项财产物资与对该项财产物资的清查职责分离；记录总账与记录明细账、日记账职责分离。

另外，在电子数据处理系统内部，系统分析员、编程员、计算机操作员、资料保管员及数据控制小组等主要职责也应尽可能分离。

不相容职务分离控制要求企业全面系统地分析、梳理业务流程中所涉及

的不相容职务，实施相应的分离措施，形成各司其职、各负其责、相互制约的工作机制。

（2）授权审批控制。

授权审批控制是指各项业务的办理必须由被批准和被授权的人去执行，即单位的各级人员必须获得批准或授权，才能执行常规的或特别的业务。授权审准控制的主要目的是保证交易是管理人员在其授权范围内授权才产生的，是一种事前控制。

授权包括常规授权和特别授权。常规授权是指企业在日常经营管理活动中按照既定的职责和程序进行的授权。特别授权是指企业在特殊情况、特定条件下进行的授权。

授权审批控制要求企业根据常规授权和特别授权的规定，明确各岗位办理业务和事项的权限范围、审批程序和相应责任。企业应当编制常规授权的权限指引，规范特别授权的范围、权限、程序和责任，严格控制特别授权。企业各级管理人员应当在授权范围内行使职权和承担责任。企业对于重大的业务和事项，应当实行集体决策审批或者联签制度，任何个人不得单独进行决策或者擅自改变集体决策。

（3）会计系统控制。

会计系统控制是指对单位经济业务进行会计处理时必须采取的一系列措施和方法，以确保记录的会计信息真实、可靠。

会计系统控制包括凭证编号控制、复式记账控制、会计记录程序控制、会计凭证控制、会计账簿控制以及会计报表控制等内容。

会计系统控制要求企业严格执行国家统一的会计准则制度，加强会计基础工作，明确会计凭证、会计账簿和财务会计报告的处理程序，保证会计资料真实完整。

企业应当依法设置会计机构，配备会计从业人员。从事会计工作的人员必须取得会计从业资格证书。会计机构负责人应当具备会计师以上专业技术职务资格。

大中型企业应当设置总会计师。设置总会计师的企业不得设置与其职权重叠的副职。

（4）财产保护控制。

财产保护控制是指对财产的安全、完整所采取的各种措施和方法。

财产保护控制要求企业建立财产日常管理制度和定期清查制度，采取财产记录、实物保管、定期盘点、账实核对等措施，确保财产安全。

企业应当严格限制未经授权的人员接触和处置财产。

（5）预算控制。

预算控制要求企业实施全面预算管理制度，明确各责任单位在预算管理中的职责权限，规范预算的编制、审定、下达和执行程序，强化预算约束。

（6）运营分析控制。

运营分析控制要求企业建立运营情况分析制度，经理层应当综合运用生产、购销、投资、筹资、财务等方面的信息，通过因素分析、对比分析、趋势分析等方法，定期开展运营情况分析，发现存在的问题，及时查明原因并加以改进。

（7）绩效考评控制。

绩效考评控制要求企业建立和实施绩效考评制度，科学设置考核指标体系，对企业内部各责任单位和全体员工的业绩进行定期考核和客观评价，将考评结果作为确定员工薪酬以及职务晋升、评优、降级、调岗、辞退等的依据。

企业应当根据内部控制目标，结合风险应对策略，综合运用控制措施，对各种业务和事项实施有效控制。

2. 重大风险预警机制和突发事件应急处理机制

企业应当建立重大风险预警机制和突发事件应急处理机制，明确风险预警标准，对可能发生的重大风险或突发事件，制定应急预案、明确责任人员、规范处置程序，确保突发事件得到及时妥善的处理。

（四）信息与沟通

信息与沟通是企业及时、准确地收集、传递与内部控制相关的信息，确保信息在企业内部、企业与外部之间进行有效沟通。企业应当建立信息与沟通制度，明确内部控制相关信息的收集、处理和传递程序，确保信息及时沟通，促进内部控制有效运行。

1. 信息

企业应当对收集的各种内部信息和外部信息进行合理筛选、核对、整合，提高信息的有用性。

企业可以通过财务会计资料、经营管理资料、调研报告、专项信息、内部刊物、办公网络等渠道，获取内部信息；通过行业协会组织、社会中介机构、业务往来单位、市场调查、来信来访、网络媒体以及有关监管部门等渠道，获取外部信息。

2. 沟通

企业应当将内部控制相关信息在企业内部各管理级次、责任单位、业务环节之间，以及企业与外部投资者、债权人、客户、供应商、中介机构和监

管部门等有关方面之间进行沟通和反馈。对信息沟通过程中发现的问题，应当及时报告并加以解决。

重要信息应当及时传递给董事会、监事会和经理层。

企业应当利用信息技术促进信息的集成与共享，充分发挥信息技术在信息与沟通中的作用。

企业应当加强对信息系统开发与维护、访问与变更、数据输入与输出、文件储存与保管、网络安全等方面的控制，保证信息系统安全稳定运行。

3. 反舞弊机制

企业应当建立反舞弊机制，坚持惩防并举、重在预防的原则，明确反舞弊工作的重点领域、关键环节和有关机构在反舞弊工作中的职责权限，规范舞弊案件的举报、调查、处理、报告和补救程序。

企业至少应当将下列情形作为反舞弊工作的重点：

（1）未经授权或者采取其他不法方式侵占、挪用企业资产，牟取不当利益。

（2）在财务会计报告和信息披露等方面存在虚假记载、误导性陈述或者重大遗漏等。

（3）董事、监事、经理及其他高级管理人员滥用职权。

（4）相关机构或人员串通舞弊。

4. 举报投诉制度和举报人保护制度

企业应当建立举报投诉制度和举报人保护制度，设置举报专线，明确举报投诉处理程序、办理时限和办理要求，确保举报、投诉成为企业有效掌握信息的重要途径。举报投诉制度和举报人保护制度应当及时传达至全体员工。

（五）内部监督

内部监督是企业对内部控制建立与实施情况进行监督检查，评价内部控制的有效性，发现内部控制缺陷，及时加以改进。

1. 内部监督

内部监督分为日常监督和专项监督。日常监督是指企业对建立与实施内部控制的情况进行常规、持续的监督检查；专项监督是指在企业发展战略、组织结构、经营活动、业务流程、关键岗位员工等发生较大调整或变化的情况下，对内部控制的某一方面或者某些方面进行有针对性的监督检查。

专项监督的范围和频率应当根据风险评估结果以及日常监督的有效性等确定。

2. 内部控制缺陷

企业应当制定内部控制缺陷认定标准，对监督过程中发现的内部控制缺陷，分析缺陷的性质和产生的原因，提出整改方案，采取适当的形式及时向董事会、监事会或者经理层报告。

内部控制缺陷包括设计缺陷和运行缺陷。企业应当跟踪内部控制缺陷整改情况，并就内部监督中发现的重大缺陷，追究相关责任单位或者责任人的责任。

3. 内部控制有效性自我评价

企业应当结合内部监督情况，定期对内部控制的有效性进行自我评价，出具内部控制自我评价报告。内部控制自我评价的方式、范围、程序和频率，由企业根据经营业务调整、经营环境变化、业务发展状况、实际风险水平等自行确定。国家有关法律法规另有规定的，从其规定。

企业应当以书面或者其他适当的形式，妥善保存内部控制建立与实施过程中的相关记录或者资料，确保内部控制建立与实施过程的可验证性。

以上所述的内部控制的五个要素相互关联。内部环境是企业实施内部控制的基础，风险评估是识别、分析、评价风险，控制活动是处理、防范、化解风险，而内部监督则是对整个过程进行监控。巧妇难为无米之炊，要想识别和处理风险，就要充分收集、传递、沟通和应用信息。

第二节　内部控制描述

审计人员对被审计单位内部控制所做的研究和评价可分为三个步骤：第一，进行内部控制描述，了解被审计单位的内部控制设计及执行情况，并作出相应的记录；第二，实施控制测试，证实有关内部控制执行的效果；第三，评价内部控制的强弱，确定在内部控制薄弱的领域扩展审计程序，降价审计风险。本节对内部控制描述进行论述。

一、了解内部控制

（一）了解内部控制的内容

在每一次审计中，审计人员都要充分了解被审计单位的内部控制，从而确定下一步的审计策略。在调查了解时，审计人员可以就内部控制的各个构成要素分别进行，但了解的角度和层次有所不同：对内部环境、风险评估和内部监督三要素，应从被审计单位的整体层次上来了解；对控制活动要素，应从被审计单位业务活动层次上针对每一重大交易或账户余额来了解；对信息与沟通要素中与审计目标有密切关系的会计系统，既要从被审计单位整体情况来了解，也要从业务层次上对每个重大交易或账户余额

来了解。

在业务流程层面了解内部控制，通常采取下列步骤：

1. 确定重要业务流程和重要交易类别

在实务中，将被审计单位的整个经营活动划分为几个重要的业务循环，有助于注册会计师更有效地了解和评估重要业务流程及相关控制。

2. 了解重要交易流程，并进行记录

在确定重要的业务流程和交易类别后，审计人员便可着手了解每一类重要交易在信息技术或人工系统中的生成、记录、处理及在财务报表中报告的程序，即重要交易流程。

3. 确定可能发生错报的环节

审计人员需要确认和了解被审计单位应在哪些环节设置控制，以防止或发现并纠正各重要业务流程可能发生的错报。

4. 识别和了解相关控制

如果审计人员计划对业务流程层面的有关控制进行进一步的了解和评价，那么针对业务流程中容易发生错报的环节，审计人员应当确定：

（1）被审计单位是否建立了有效的控制，以防止或发现并纠正这些错报；

（2）被审计单位是否遗漏了必要的控制；

（3）是否识别了可以最有效测试的控制。

（二）了解内部控制的程序

1. 询问被审计单位有关人员

无论是初次审计还是连续审计，审计人员均需通过询问被审计单位管理当局及不同层次的员工来了解其内部控制的设置及运行情况。在连续审计中，审计人员通过复核以前年度审计工作底稿，可获取被审计单位内部控制的设置和执行情况的信息，并确定以前审计时发现的错报是设置问题还是执行问题，通过向被审计单位有关人员询问，确定这些错报情况是否在当年已得到改正以及上次审计后内部控制发生了哪些变化。

2. 审阅被审计单位的管理文件（民间审计准则将其并入第3种程序）

管理文件是指被审计单位以书面形式明确单位各级部门、各级管理人员任务、职责和责任以及单位所有的政策程序，以便单位有关人员全面了解内部控制的文件，包括组织图、岗位工作说明、方针和程序手册以及系统流程图等。审计人员通过审阅这些文件，可以了解被审计单位内部控制设置情况。

3. 检查内部控制生成的凭证和记录

内部控制运行中会产生大量的凭证和记录，如授权批准的销售单、工时和工资记录、付款凭单等。审计人员通过检查这些内部控制运行留有痕迹的凭证和记录，不仅可以准确理解内部控制文件的精神，还可以了解内部控制的执行情况。

4. 观察被审计单位的业务活动和内部控制的运行情况

审计人员通过观察被审计单位的业务活动及未留有痕迹的内部控制运行情况，可以更好地了解内部控制的执行情况。

5. 选择若干具有代表性的交易和事项进行穿行测试

穿行测试是指审计人员借助交易轨迹来追查每个主要交易种类的某笔交易或某几笔交易，以验证有关控制政策、程序和措施的运行情况与审计人员采用其他方法所获取的内部控制情况是否一致。

穿行测试的目的不是检查被审计单位内部控制的遵循情况，而是验证审计人员对采用询问、检查和观察等方法对被审计单位内部控制的了解的准确性。

二、描述内部控制

审计人员对于调查了解到的内部控制情况应及时作适当记录。内部控制调查记录的方法通常有四种，即调查表法、文字表述法、流程图法和核对表法。在规模大的单位审计中，可能要用到每一种记录方法；而在小单位的审计中，则可能只使用文字表述法。

审计人员对内部控制可边了解边作记录。如审计人员可用调查表法来了解控制环境、风险评估和监督，而已完成的调查表记录了对这三个控制要素了解到的情况。同样地，审计人员可用流程图法来了解控制活动和信息系统，而完成的流程图记录了对这两个要素所了解到的情况。审计人员在再次审计被审计单位时，由于以前审计对了解到的内部控制情况作了记录，因此只限于就当年内部控制已发生变化的部分，对以前了解记录进行更新，而没有必要重新作全面的记录。值得注意的是，审计人员只应该记录与审计相关的因素。

（一）调查表法

调查表法是指审计人员使用内部控制调查表的形式，向被审计单位经营管理人员或有关当事人调查了解内部控制是否健全完美的一种方法。

调查表法的关键是针对需要调查了解的控制系统及控制点，设计拟调查的问题条款，编制内部控制调查表。其中，调查问题的设计是否适当，直接关系到检查和评价工作的质量。一般而言，设计内部控制调查表，主要把握以下几点：

（1）调查项目。审计人员可按不同的交易业务循环，将被审计单位的总

体控制系统划分为具体控制系统，根据每个控制系统的特点分别设计不同内容的问题式调查表，如销售与收款、购货与付款、生产和存货、货币资金、投资与筹资等循环的调查表。

（2）调查内容。各控制系统的调查内容主要通过调查问题予以体现。调查问题的提出要紧紧围绕系统各个控制点和关键控制点及其控制措施进行设计。

（3）设计步骤。设计调查问题一般可分三步进行：一是确定被审计单位内部控制的调查目标；二是根据调查目标，确定要调查的控制点及其控制措施；三是根据控制点及其控制措施，拟定具有针对性的调查问题。

（4）调查表的格式。调查表实际上是一种工作底稿，因此除具备审计工作底稿的一般要素外，还包括调查问题、回答情况及调查结论等。基本格式如下：

内部控制制度问题式调查表

调查部门________________ 调查人员________

调查内容销售与收款内部控制 调查日期________

调查问题	回答结果			被调查人签名	备注
	是	否	不适用		
1. 收到的每份购货定单是否均登记在购货定单登记簿上？					
2. 客户购货定单是否均需由信贷部门核准？					
3. 客户定单的核准是否有经信贷部门经理签字同意的书面证明？					
4. 对难以提供资信情况的新客户是否规定最大的供货数量？					
5. 信贷部门是否独立于销售部门？					
6. 有无详细的折扣政策？					
7. 任何给予客户的折扣是否经销售部门经理审核签字认可？					
8. 所有折扣的批准文件是否记录在主备忘录上？					
9. 贷方备忘录是否事先连续编号？					
10. 办理折扣业务的职员是否同办理现钞或支票收入业务的职员分离？					
11. 发货通知单是否事先连续编号？					
12. 发货通知单是否须经授权人的签字才有效？					
13. 发货通知单在正式执行前是否将其同客户进行证实？					
14. 发货通知单在执行后是否有专门职员对其进行定期检查？					
15. 发货部门发货是否必须有发货通知单？					
……					

调查表法的优点在于能对所调查的对象提供一个总括说明，有利于审计

人员做出分析和评价，且编制调查表省时省力，可在审计项目初期就较快完成。该方法的缺点有二：一是对被审计单位的内部控制只能按项目分别进行，不能提供一个完整的评价；二是对于不同行业的企业或小规模企业，标准问题的调查表常常不太适用。

（二）文字表述法

文字表述法是指审计人员在询问被审计单位有关人员或查阅被审计单位有关资料后，针对了解到的内部控制设置情况，以文字记录的形式加以描述的方法。

采用文字表述法描述会计系统和相应控制活动时，应具备以下特征：

（1）说明系统中每种凭证和记录的来源。如应当说明顾客订单从何而来、销货发票如何产生等。

（2）说明已发生的全部处理过程。如若销售额由计算机程序以发运量乘库存标准价格来决定，就应说明。

（3）说明系统中每种凭证和记录的处置。如应反映凭证的归档，或送交顾客，或销毁等。

（4）指出与控制风险评价有关的控制手续。一般包括职务的分离（如现金记录和现金出纳的分离）、审批和批准（如赊销的批准）及内部检查（如比较销售单价和销货合同）。

文字表述法适用于内部控制程序比较简单、比较容易描述的小企业，其优点是可对调查对象作出比较深入和具体的描述，弥补调查表只能作出简单肯定或否定的不足。但其缺点是有时很难用简明易懂的语言来描述内部控制的细节，因而有时文字表述显得比较冗长，不易说清楚。

（三）流程图法

流程图法是指审计人员以特定的语言符号，通过绘制流程图的形式，描述被审计单位内部控制情况的方法。

流程图法，可用于设计评价流程图，也可用于绘制现状流程图。评价流程图是反映某单位最基本内部控制要求的流程图，通常由审计人员设计，作为评价现状流程图的参考模式。现状流程图是描述某单位现行内部控制状况的流程图，可由审计人员设计，也可由管理人员设计。

绘制流程图应遵循以下基本程序：

（1）确定对哪一类交易绘制流程图；

（2）通过面谈、观察和审查凭证，收集必要的信息；

（3）先构思流程图的单位形式（如需要设多少栏，并按什么顺序表示交易涉及的有关部门及个人），并绘出草图；

(4) 用很好的格式编制流程图；

(5) 追查某笔假设交易经过流程图的情况，以测试流程图的完整性和正确性。

在绘制流程图时，应注意以下事项：

(1) 讲究次序。从上到下，自左至右，依次描绘。

(2) 统一符号。同一凭证、文件或手续，应采用统一的符号表示，尽量做到规范化、标准化。

(3) 先干后支。先将流程图中各主要环节勾画出来，然后再描绘细节。

(4) 来去分明。图内每种凭证都要有来源的交待，如起点，或转入来源，同时要有去的交待，如存档、销毁或转到流程图之外等。

(5) 少用文字。流程图应以符号为主，一般不用文字；若非用不可，应尽量限于用短语；确实要用较长文字说明的，可于应说明之处标以记号，另外在正图的右边或下边加注说明。

(6) 加注图例。图中各种文件、凭证、账簿、报表，或是以代号或缩写注明的，应另在正图左下方或右下方加注图例或说明，以便查阅。

(7) 力求清晰。图内所有符号、短句力求清晰，短句尽量统一加在线条的下方或右方，以免引起误解；纵横线条如要相交，应使用跨线符号。

(8) 避免拥挤。图内各种符号、代号等切忌挤作一团。若制度流程复杂，一页纸容纳不下，可用转页符号；还可采用主图与附图分画的办法，即将主要流程图画在主图上，而将有关细节另附图说明。

(9) 注意整洁。可先绘草图，也可用铅笔绘图。

(10) 仔细复查。

流程图法的优点在于便于表达内部控制的特征，同时便于修改。缺点是编制流程图需具备较娴熟的技术和花费较多的时间；另外，对内部控制的某些弱点，有时很难在图上明确地表达出来。

第三节　内部控制测试

一、内部控制测试的概念和目的

（一）内部控制测试的概念

内部控制测试是指审计人员对内部控制执行的有效程度进行的测试。在对某项控制执行的有效性进行测试时，应查明四个问题：一是这项控制是怎样执行的；二是是否在年度中一贯执行；三是由谁来执行的；四是控制以何

种方式运行。

并非在任何情况下都需要进行控制测试，只有存在下列情形之一时，才进行控制测试：

（1）在评估认定层次重大错报风险时，预期控制的运行是有效的；

（2）仅实施实质性程序不足以提供认定层次充分、适当的审计证据。

（二）内部控制测试的目的

（1）获取内部控制有效运行的证据，以支持初步评价的重大错报风险水平。

（2）确定实质测试的性质、时间和范围。

二、内部控制测试的程序

虽然内部控制测试的目的与了解内部控制不同，但两者采用审计程序的类型通常相同，包括询问、观察、检查和穿行测试。此外，控制测试的程序还包括重新执行。

（一）询问

询问是指审计人员在控制测试中，为了了解被审计单位各项业务操作是否符合控制设计的要求，而向有关人员询问某些业务执行情况的方法。如审计人员通过询问文件资料保管人员，可以确定未经授权人员是否曾经被允许接近文件资料。

（二）观察

观察是指审计人员在控制测试中，身临被审计单位的工作现场，实地观察有关人员的实际工作情况，以确定其规定的控制措施是否得到严格执行的技术方法。该程序适用于不留下书面记录的控制（如职责分离）的运行情况的测试，如审计人员可以观察仓库实际的发料过程，确定是否与规定的发料程序相一致。

（三）检查

检查是指审计人员在控制测试中，抽取一定数量的账表、凭证等书面文档和其他有关资料，检查是否存在内部控制执行的特性，以判断内部控制是否得到有效贯彻执行的方法。该程序适用于留有痕迹的内部控制，如凭证上的审核签字、报表上的复核签字等。

（四）重新执行

重新执行是指审计人员在控制测试中，将某项交易业务按被审计单位规定的程序全部或部分重做一次，以验证既定的控制措施是否被贯彻执行的技术方法。并非所有的内部控制测试都要采用重新执行程序。

（五）穿行测试

除了上述四类控制测试常用的审计程序以外，实施穿行测试也是一种重要的审计程序。值得注意的是，穿行测试不是单独的一种程序，而是将多种程序按特定审计需要进行结合运用的方法。穿行测试是通过追踪交易在财务报告信息系统中的处理过程，来证实注册会计师对控制的了解，评价控制设计的有效性以及确定控制是否得到执行。可见，穿行测试更多地在了解内部控制时运用。但在执行穿行测试时，注册会计师可能获取部分控制运行有效性的审计证据。

询问本身并不足以测试控制运行的有效性，注册会计师应当将询问与其他审计程序结合使用，以获取有关控制运行有效性的审计证据。观察提供的证据仅限于观察发生的时点，本身也不足以测试控制运行的有效性；将询问与检查或重新执行结合使用，通常能够比仅实施询问和观察获取更高的保证。例如，被审计单位针对收到的邮政汇款单的处理设计和执行了相关的内部控制，注册会计师通过询问和观察程序往往不足以测试此类控制的运行有效性，还需要检查能够证明此类控制在所审计期间的其他时段有效运行的文件和凭证，以获取充分、适当的审计证据。

三、内部控制测试的时间

内部控制测试的时间主要根据审计主体的具体安排而定，既可以安排在期中工作中进行，也可安排在审计年度结束前的几个月进行，但不可以安排在年终结束后进行。因为内部控制测试的目的是获取审计年度内部控制执行有效的证据。如果安排在审计年度期中进行内部控制测试，还要考虑剩余期间的长短或期中测试后控制有无重大变化。

四、内部控制测试的范围

如前所述，内部控制测试的目的是获取内部控制运行有效的证据。所以，内部控制测试的范围越大，所能提供的有关控制政策或程序执行有效性的证据就越充分。例如，询问很多人比询问一个人能提供更多的证据，观察所有材料入库验收手续比观察几笔材料入库业务可提供更多能证明必要控制程序已执行的证据。

在审计实务中，审计人员执行内部控制测试的范围并非越多越好，而应从最经济有效地实现审计目标的总体需要出发，合理地确定内部控制测试范围。在确定内部控制测试范围时，应考虑以下因素：

（1）在整个拟信赖的期间，被审计单位执行控制的频率；

(2) 在所审计期间，拟信赖控制运行有效性的时间长度；

(3) 为证实控制能够防止或发现并纠正认定层次重大错报，所需获取审计证据的相关性和可靠性；

(4) 通过测试与认定相关的其他控制获取的审计证据的范围；

(5) 在风险评估时拟信赖控制运行有效性的程度；

(6) 控制的预期偏差。

第四节 内部控制评价

一、内部控制的初步评价

审计人员在了解内部控制之后，对被审计单位的内部控制有了一个初步的认识，此时应对内部控制执行的情况作出初步评价，并根据初步评估的结果，确定是否采取依赖内部控制的审计方案。

对内部控制初步评价的结论一般有以下几种：

(1) 所设计的内部控制单独或连同其他控制能够防止或发现并纠正重大错报，并得到执行；

(2) 内部控制本身的设计是合理的，但没有得到执行；

(3) 内部控制本身的设计就是无效的或缺乏必要的控制。

审计人员应根据对内部控制初步评价结果，决定是否信赖被审计单位的内部控制。如果被审计单位的内部控制单独或连同其他控制能够防止或发现并纠正重大错报，并得到执行，就可信赖内部控制并实施控制测试；如果被审计单位的内部控制本身的设计就是无效的或缺乏必要的控制，或者内部控制本身的设计是合理的，但没有得到执行，则不信赖内部控制亦无需实施控制测试，直接实施实质性程序。

二、内部控制的综合评价

内部控制的综合评价，是根据调查了解的情况和控制测试的结果，对被审计单位内部控制要素能否防止或发现财务报表里的重要错报或漏报的有效程度进行的评价。审计人员根据综合评价的结果，实施或修正实质性测试的审计方案。

值得注意的是，这里的评价是针对认定层次的具体审计目标而进行的，而不是为了个别内部控制要素或个别控制政策、程序和措施而进行。也就是说，审计人员应针对不同项目的每一具体审计目标分别评价控制的有效性。

审计人员评价控制的有效性时，应合理地运用职业判断。可以说，控制有效性的评价，就是审计人员对每一控制要素的相关政策、程序和措施的有效性与某项具体审计目标里存在重大错报的风险之间的互相作用情况进行判断的过程。值得注意的是，不同的控制要素在控制风险评价中可能有不同的重要性。在有的情况下，控制环境中的无效政策和程序，可能会使其他控制要素中的有效控制政策、程序和措施变为无效；反之，控制环境中的有效政策和程序，可能会弥补其他控制要素中的政策、程序和措施不健全的不足。

审计人员对调查了解和控制测试内部控制所获取的证据进行评价时，应注意以下几点：

(1) 运用不同的调查了解和控制测试程序所获得的审计证据是不同的。如检查凭证取得的是书面证据，询问取得的是口头证据。

(2) 这些不同的证据对控制政策、程序和措施的设计与执行的有效性所提供的保证是不相同的。

(3) 审计人员可通过调查了解和控制测试取得有关某一特定控制的多种证据，但审计人员通过穿行测试和重新执行获取的证据比间接取得的或通过询问有关人员推论取得的证据能提供更大的保证。

(4) 充分运用审计职业判断。

(5) 必须注意到内部控制五个要素对财务报表的不同程度的影响。

复习思考题

1. 内部控制理论发展主要经历哪几个阶段？每个阶段研究的突破点是什么？
2. 简述内部控制的概念和目标。
3. 内部控制基本规范规定的内部控制要素有哪些？
4. 内部环境主要包括哪些内容？
5. 企业应如何进行风险评估？
6. 内部控制措施主要包括哪些？
7. 调查了解内部控制的程序有哪些？
8. 描述内部控制方法有哪些？各有哪些优缺点？
9. 内部控制测试的程序有哪些？
10. 如何实施内部控制的评价？

9 CHAPTER 第九章 风险评估与风险应对

风险导向审计是当今主流的审计模式，它要求注册会计师以重大错报风险的识别、评估和应对作为审计工作的主线，提高审计效率和效果。

第一节 风险评估

《中国注册会计师审计准则第 1211 号——了解被审计单位及其环境并评估重大错报风险》规定，注册会计师应当了解被审计单位及其环境，以充分识别和评估财务报表重大错报风险，设计和实施进一步审计程序。

一、了解被审计单位及其环境

注册会计师对于被审计单位及其环境的了解不是盲目的，而是以评估财务报表重大错报风险为目的。

（一）了解被审计单位及其环境的意义

了解被审计单位及其环境是审计过程的必要程序，特别是为注册会计师在下列关键环节作出职业判断提供基础：

（1）确定重要性水平，并随着审计工作的进程评估对重要性水平的判断是否仍然适当；

（2）考虑会计政策的选择和运用是否恰当、财务报表的列报包括披露是否适当；

（3）识别需要特别考虑的领域，包括关联方交易、管理层运用持续经营假设的合理性、交易是否具有合理的商业目的等；

（4）确定在实施分析程序时所使用的预期值；

（5）设计和实施进一步审计程序，以将审计风险降至可接受的低水平；

（6）评价所获取审计证据的充分性和适当性。

了解被审计单位及其环境是一个连续和动态地收集、更新与分析信息的过程，贯穿于整个审计过程的始终。注册会计师应运用职业判断，确定需要了解被审计单位及其环境的程度。

（二）了解被审计单位及其环境的方法

注册会计师应当综合运用下列方法，了解被审计单位及其环境，识别和评估重大错报风险。

1. 风险评估程序

（1）询问。注册会计师首先询问管理层和对财务报告负有责任的人员；此外，询问内部审计人员、采购人员、生产人员、销售人员等其他人员，并考虑询问不同级别的员工，以获取对识别重大错报风险有用的信息。

（2）分析程序。注册会计师实施分析程序，有助于识别异常的交易或事项以及对财务报表产生影响的金额、比率和趋势。

注册会计师在实施分析程序时，应当预期可能存在的合理关系，并与被审计单位记录的金额、依据记录金额计算的比率或趋势相比较，如果发现异常或未预期到的关系，注册会计师应当在识别重大错报风险时考虑这些比较结果。

如果使用了高度汇总的数据，实施分析程序的结果仅可能初步显示财务报表存在重大错报风险，注册会计师应当将分析结果连同识别重大错报风险时获取的其他信息一并考虑。

（3）观察和检查。观察和检查程序可以印证对管理层和其他相关人员的询问结果，并可提供有关被审计单位及其环境的信息。

注册会计师应当实施下列观察和检查程序：

①观察被审计单位的生产经营活动；

②实地察看被审计单位的生产经营场所和设备；

③检查文件、记录和内部控制手册；

④阅读由管理层和治理层编制的报告；

⑤追踪交易在财务报告信息系统中的处理过程（穿行测试）。

2. 其他风险评估程序和信息来源

其他风险评估程序是指除上述三类审计程序以外注册会计师获取被审计单位及其环境的程序。其他信息来源包括注册会计师在考虑客户承接或续约的决策过程中获得的信息，以及提供其他服务时获得的信息。

（1）外部获取的信息。注册会计师根据职业判断认为从被审计单位外部获取的信息有助于识别重大错报风险的，应当实施其他审计程序以获取这些信息。

（2）承接或续约获取的信息。注册会计师应当考虑在承接客户或续约过程中获取的信息，以及向被审计单位提供其他服务所获得的经验是否有助于识别重大错报风险。

（3）以前获取的信息。注册会计师对于连续审计业务，如果拟利用在以前期间获取的信息，应当确定被审计单位及其环境是否已发生变化以及该变化是否可能影响以前期间获取的信息在本期审计中的相关性。

3. 项目组内部讨论

注册会计师应当组织项目组成员对财务报表存在重大错报的可能性进行讨论，并运用职业判断确定讨论的目标、内容、人员、时间和方式，分享经验。

（三）了解被审计单位及其环境的内容

注册会计师应从以下六个方面了解被审计单位及其环境：

1. 行业状况、法律环境与监管环境以及其他外部因素

（1）行业状况。

主要包括：所在行业的市场供求与竞争；生产经营的季节性和周期性；产品生产技术的变化；能源供应与成本；行业的关键指标和统计数据。

（2）法律环境与监管环境。

主要包括：适用的会计准则、会计制度和行业特定惯例；对经营活动产生重大影响的法律法规及监管活动；对开展业务产生重大影响的政府政策，包括货币、财政、税收和贸易等政策；与被审计单位所处行业和所从事经营活动相关的环保要求。

（3）其他外部因素。

主要包括：宏观经济的景气度；利率和资金供求状况；通货膨胀水平及币值变动；国际经济环境和汇率变动。

2. 被审计单位的性质

（1）所有权结构。

了解所有权结构以及所有者与其他人员或单位之间的关系，考虑关联方关系是否已经得到识别，以及关联方交易是否得到恰当核算。

（2）治理结构。

了解被审计单位的治理结构，考虑治理层是否能够在独立于管理层的情况下对被审计单位事务作出客观判断。

（3）组织结构。

了解被审计单位的组织结构，考虑复杂组织结构可能导致的重大错报风险，包括财务报表合并、商誉摊销和减值、长期股权投资核算以及特殊目的实体核算等问题。

（4）经营活动。

主要包括：主营业务的性质；与生产产品或提供劳务相关的市场信息；

业务的开展情况；联盟、合营与外包情况；从事电子商务的情况；地区与行业分布；生产设施、仓库的地理位置及办公地点；关键客户；重要供应商；劳动用工情况；研究与开发活动及其支出；关联方交易。

（5）投资活动。

主要包括：近期拟实施或已实施的并购活动与资产处置情况；证券投资、委托贷款的发生与处置；资本性投资活动，包括固定资产和无形资产投资，以及近期或计划发生的变动；不纳入合并范围的投资。

（6）筹资活动。

主要包括：债务结构和相关条款，包括担保情况及表外融资；固定资产的租赁；关联方融资；实际受益股东；衍生金融工具的运用。

3. 被审计单位对会计政策的选择和运用

注册会计师应当了解被审计单位对会计政策的选择和运用是否符合适用的会计准则和相关会计制度，是否符合被审计单位的具体情况。

注册会计师在了解被审计单位对会计政策的选择和运用是否适当时，应当关注下列重要事项：

（1）重要项目的会计政策和行业惯例；

（2）重大和异常交易的会计处理方法；

（3）在新领域和缺乏权威性标准或共识的领域，采用重要会计政策产生的影响；

（4）会计政策的变更；

（5）被审计单位何时以及如何采用新颁布的会计准则和相关会计制度。

4. 被审计单位的目标、战略以及相关经营风险

注册会计师应当了解被审计单位的目标和战略以及可能导致财务报表重大错报的相关经营风险。

注册会计师应当了解被审计单位是否存在与下列方面有关的目标和战略，并考虑相应的经营风险：

（1）行业发展及其可能导致的被审计单位不具备足以应对行业变化的人力资源和业务专长等风险；

（2）开发新产品或提供新服务及其可能导致的被审计单位产品责任增加等风险；

（3）业务扩张及其可能导致的被审计单位对市场需求的估计不准确等风险；

（4）新颁布的会计法规及其可能导致的被审计单位执行法规不当或不完整，或会计处理成本增加等风险；

(5) 监管要求及其可能导致的被审计单位法律责任增加等风险；

(6) 本期及未来的融资条件及其可能导致的被审计单位由于无法满足融资条件而失去融资机会等风险；

(7) 信息技术的运用及其可能导致的被审计单位信息系统与业务流程难以融合等风险。

5. 被审计单位财务业绩的衡量和评价

注册会计师应当了解被审计单位内部或外部对财务业绩的衡量和评价可能对管理层产生的压力，并考虑这种压力是否可能导致管理层采取行动，以至于增加财务报表发生重大错报的风险。

注册会计师在了解被审计单位财务业绩的衡量和评价情况时，应关注下列信息：

(1) 关键业绩指标；

(2) 业绩趋势；

(3) 预测、预算和差异分析；

(4) 管理层和员工业绩考核与激励性报酬政策；

(5) 分部信息与不同层次部门的业绩报告；

(6) 与竞争对手的业绩比较；

(7) 外部机构提出的报告。

6. 被审计单位的内部控制

注册会计师应从以下方面了解被审计单位的内部控制：

(1) 控制环境；

(2) 风险评估过程；

(3) 控制活动；

(4) 信息系统与沟通；

(5) 控制的监督。

具体内容见第八章。

二、识别和评估重大错报风险

(一) 识别和评估重大错报风险的审计程序

在识别和评估重大错报风险时，注册会计师应当实施下列审计程序：

(1) 在了解被审计单位及其环境的整个过程中识别风险，并考虑各类交易、账户余额、列报。例如，被审计单位属于电器行业，由于竞争者开发的新产品上市，可能导致被审计单位的同类产品在短期内过时，预示将出现存货跌价。

（2）将识别的风险与认定层次可能发生错报的领域相联系。如上例中存货的跌价可能引发存货的计价认定发生错报。

（3）考虑识别的风险是否重大。风险是否重大是指风险造成后果的严重程度。上例中，除考虑产品市场价格下降的因素外，注册会计师还应当考虑产品市场价格下降的幅度、该产品在被审计单位产品中所占的比重等，以确定识别的风险对财务报表的影响是否重大。

（4）考虑识别的风险导致财务报表发生重大错报的可能性。在某些情况下，尽管识别的风险重大，但仍不至于导致财务报表发生重大错报。上例中，期末财务报表中存货的余额较低，尽管识别的风险重大，但不至于导致存货的计价认定发生重大错报风险。

（二）被审计单位可能存在重大错报风险的事项

注册会计师应当关注下列可能表明被审计单位存在重大错报风险的事项和情况：

（1）在经济不稳定的国家或地区开展业务；

（2）在高度波动的市场开展业务；

（3）在严厉、复杂的监管环境中开展业务；

（4）持续经营和资产流动性出现问题，包括重要客户流失；

（5）融资能力受到限制；

（6）行业环境发生变化；

（7）供应链发生变化；

（8）开发新产品或提供新服务，或进入新的业务领域；

（9）开辟新的经营场所；

（10）发生重大收购、重组或其他非经常性事项；

（11）拟出售分支机构或业务分部；

（12）复杂的联营或合资；

（13）运用表外融资、特殊目的实体以及其他复杂的融资协议；

（14）重大的关联方交易；

（15）缺乏具备胜任能力的会计人员；

（16）关键人员变动；

（17）内部控制薄弱；

（18）信息技术战略与经营战略不协调；

（19）信息技术环境发生变化；

（20）安装新的与财务报告有关的重大信息技术系统；

（21）经营活动或财务报告受到监管机构的调查；

(22) 以往存在重大错报或本期期末出现重大会计调整；

(23) 发生重大的非常规交易；

(24) 按照管理层特定意图记录的交易；

(25) 应用新颁布的会计准则或相关会计制度；

(26) 会计计量过程复杂；

(27) 事项或交易在计量时存在重大不确定性；

(28) 存在未决诉讼和或有负债。

(三) 需要特别考虑的重大错报风险

作为风险评估的一部分，注册会计师应当运用职业判断，确定识别的风险中哪些是需要特别考虑的重大错报风险（以下简称特别风险）。

1. 确定某项风险是否为特别风险应当考虑的事项

注册会计师在确定某项风险是否为特别风险时，应当考虑下列事项：

(1) 风险是否属于舞弊风险；

(2) 风险是否与近期经济环境、会计处理方法和其他方面的重大变化有关；

(3) 交易的复杂程度；

(4) 风险是否涉及重大的关联方交易；

(5) 财务信息计量的主观程度，特别是对不确定事项的计量存在较大区间；

(6) 风险是否涉及异常或超出正常经营过程的重大交易。

2. 与特别风险有关的非常规交易和重大判断事项

(1) 非常规交易风险评估。

非常规交易是指由于金额或性质异常而不经常发生的交易。

由于非常规交易具有下列特征，与重大非常规交易相关的特别风险可能导致更高的重大错报风险：管理层更多地介入会计处理；数据收集和处理涉及更多的人工成分；复杂的计算或会计处理方法；非常规交易的性质可能使被审计单位难以对由此产生的特别风险实施有效控制。

(2) 重大判断事项风险评估。

重大判断事项通常包括作出的会计估计。

由于下列原因，与重大判断事项相关的特别风险可能导致更高的重大错报风险：对涉及会计估计、收入确认等方面的会计原则存在不同的理解；所要求的判断可能是主观和复杂的，或需要对未来事项作出假设。

3. 对特别风险的特别考虑

(1) 对特别风险，注册会计师应当评价相关控制的设计情况，并确定其是否已经得到执行。

(2) 如果与重大非常规交易或判断事项相关的风险很少受到日常控制的

约束，注册会计师应当了解被审计单位是否针对该特别风险设计和实施了控制。

（3）如果管理层未能实施控制以恰当应对特别风险，注册会计师应当认为内部控制存在重大缺陷，并考虑其对风险评估的影响。

（四）识别和评估财务报表层次和认定层次的重大错报风险

注册会计师在了解被审计单位及其环境之后，应当识别和评估财务报表层次和各类交易、账户余额、列报认定层次的重大错报风险，根据风险评估结果确定总体应对措施和进一步审计程序。

1. 识别和评估财务报表层次重大错报风险

注册会计师应当运用职业判断，识别出了解的被审计单位及其环境的哪些因素与财务报表整体广泛相关。

一般而言，除了宏观经济形势、行业状况、被审计单位的性质、经营风险等影响外，财务报表层次的重大错报风险很可能源于薄弱的控制环境。

注册会计师应当结合所了解的被审计单位及其环境各方面的情况，对所有识别出的导致财务报表层次的重大错报风险加以汇总和评估。

2. 识别和评估各类交易、账户余额、列报认定层次的重大错报风险

注册会计师应当运用职业判断，识别出了解的被审计单位及其环境中哪些因素与特定的某类交易、账户余额、列报的认定相关，并与特定的某类交易、账户余额、列报的认定相关的重大错报风险加以汇总和评估

（五）仅通过实质性程序无法应对的重大错报风险

如果认为仅通过实质性程序获取的审计证据无法将认定层次的重大错报风险降至可接受的低水平，注册会计师应当评价被审计单位针对这些风险设计的控制，并确定其执行情况。

在被审计单位对日常交易采用高度自动化处理的情况下，审计证据可能仅以电子形式存在，其充分性和适当性通常取决于自动化信息系统相关控制的有效性，注册会计师应当考虑仅通过实施实质性程序不能获取充分、适当的审计证据的可能性。

（六）对风险评估的修正

注册会计师对认定层次重大错报风险的评估应以获取的审计证据为基础，并可能随着不断获取审计证据而作出相应的变化。

如果通过实施进一步审计程序获取的审计证据与初始评估获取的审计证据相矛盾，注册会计师应当修正风险评估结果，并相应修改原计划实施的进一步审计程序。

第二节 风险应对

《中国注册会计师审计准则第 1231 号——针对评估的重大错报风险实施的程序》规定，注册会计师应对重大错报风险应当遵守以下规定：注册会计师应当针对评估的财务报表层次重大错报风险确定总体应对措施，并针对评估的认定层次重大错报风险设计和实施进一步审计程序，以将审计风险降至可接受的低水平。在确定总体应对措施以及设计和实施进一步审计程序的性质、时间和范围时，注册会计师应当运用职业判断。

一、针对财务报表层次重大错报风险的总体应对措施

（一）针对评估财务报表层次重大错报风险的总体应对措施

注册会计师应当针对评估的财务报表层次重大错报风险确定下列五个方面的总体应对措施：

1. 向项目组强调在收集和评价审计证据的过程中保持职业怀疑态度的必要性

职业怀疑态度是指注册会计师以质疑的思维方式评价所获取审计证据的有效性，并对相互矛盾的审计证据以及引起对文件记录或管理层和治理层提供的信息的可靠性产生怀疑的审计证据保持警觉。

职业怀疑态度并不要求注册会计师假设管理层是不诚信的，但是也不能假设管理层的诚信毫无疑问，它要求注册会计师凭证据“说话”。

2. 分派更有经验或具有特殊技能的审计人员，或利用专家的工作

由于各行业在经营业务、经营风险、财务报告、法规要求等方面具有特殊性，审计人员的专业分工细化成为一种趋势。审计项目组成员中应有一定比例的人员曾经参与过被审计单位以前年度的审计，或具有被审计单位所处特定行业的相关审计经验，应增加这类审计人员比例；必要时，考虑启用信息技术、税务、评估、精算师等方面专家开展工作。

3. 提供更多的督导

对于财务报表层次重大错报风险较高的审计项目，项目组的高级别成员，如项目负责人、项目经理等经验较丰富的人员，要对其他成员提供更详细、更经常、更及时的指导和监督，并加强项目质量复核。

4. 在选择进一步审计程序时，应当注意使某些程序不被管理层预见或事先了解

在实务中，注册会计师可以通过以下方式提高审计程序的不可预见性：

（1）对某些未测试过的低于设定的重要性水平或风险较小的账户余额和

认定实施实质性程序；

（2）调整实施审计程序的时间，使被审计单位不可预期；

（3）采取不同的审计抽样方法，使当期抽取的测试样本与以前有所不同；

（4）选取不同的地点实施审计程序，或预先不告知被审计单位所选定的测试地点。

5. 对拟实施审计程序的性质、时间和范围作出总体修改

如果控制环境存在缺陷，注册会计师在对拟实施审计程序的性质、时间和范围作出总体修改时应当考虑：

（1）在期末而非期中实施更多的审计程序。控制环境的缺陷通常会削弱期中获得的审计证据的可信赖程度。

（2）主要依赖实质性程序获取审计证据。良好的控制环境是其他控制要素发挥作用的基础。控制环境若存在缺陷，通常会削弱其他控制要素的作用，导致注册会计师可能无法信赖内部控制，而主要依赖实施实质性程序获取审计证据。

（3）修改审计程序的性质，获取更具说服力的审计证据。修改审计程序的性质主要是指调整拟实施审计程序的类别及组合，比如原先可能主要限于检查某项资产的账面记录或相关文件，而调整审计程序的性质后可能意味着更加重视实地检查该项资产。

（4）扩大审计程序的范围。例如扩大样本规模，或采用更详细的数据实施分析程序。

（二）财务报表层重大错报风险及总体应对措施对拟实施进一步审计程序的总体方案的影响

拟实施进一步审计程序的总体方案包括实质性方案和综合性方案。其中，实质性方案是指注册会计师实施的进一步审计程序以实质性程序为主；综合性方案是指注册会计师在实施进一步审计程序时，将控制测试与实质性程序结合使用。当评估的财务报表层次重大错报风险属于高风险水平（并相应采取更强调审计程序不可预见性，重视调整审计程序的性质、时间和范围等总体应对措施）时，拟实施进一步审计程序的总体方案往往更倾向于实质性方案。

二、针对认定层次重大错报风险的进一步审计程序

（一）进一步审计程序的含义

相对于风险评估程序而言，进一步审计程序是指注册会计师针对评估的各类交易、账户余额、列报认定层次重大错报风险实施的审计程序，包括控

制测试和实质性程序。

注册会计师设计和实施的进一步审计程序的性质、时间和范围，应当与评估的认定层次重大错报风险具备明确的对应关系。在应对评估的认定层次重大错报风险时，进一步审计程序的性质是最重要的。

在设计进一步审计程序时，注册会计师应当考虑下列因素：

（1）风险的重要性。风险的重要性是指风险造成的后果的严重程度。风险的后果越严重，就越需要注册会计师关注和重视，越需要精心设计有针对性的进一步审计程序。

（2）重大错报发生的可能性。重大错报发生的可能性越大，越需要注册会计师精心设计进一步审计程序。

（3）涉及的各类交易、账户余额和列报的特征。不同的交易、账户余额和列报，产生的认定层次的重大错报风险也会存在差异，适用的审计程序也有差别，需要注册会计师区别对待，并设计有针对性的进一步审计程序予以应对。

（4）被审计单位采用的特定控制的性质。不同性质的控制（尤其是人工控制还是自动化控制）对注册会计师设计进一步的审计程序具有重要影响。

（5）注册会计师是否拟获取审计证据，以确定内部控制在防止或发现并纠正重大错报风险方面的有效性。如果注册会计师在风险评估时预期内部控制运行有效，随后拟实施的进一步审计程序就必须包括控制测试，且实质性程序自然会受到之前控制测试结果的影响。

综合上述几方面因素，注册会计师对认定层次重大错报风险的评估为确定进一步审计程序的总体方案奠定了基础。

通常情况下，注册会计师出于成本效益的考虑可以采用综合性方案设计进一步审计程序，但在某些情况下，注册会计师必须通过实施控制测试。无论选择何种方案，注册会计师都应当对所有重大的各类交易、账户余额、列报设计和实施实质性程序。

（二）进一步审计程序的性质

进一步审计程序的性质是指进一步审计程序的目的和类型。

（1）进一步审计程序的目的。包括通过实施控制测试以确定内部控制运行的有效性，通过实施实质性程序以发现认定层次的重大错报。

（2）进一步审计程序的类型。包括检查记录和文件、检查有形资产、观察、询问、函证、重新计算、重新执行和分析程序。

（3）进一步审计程序的性质选择。

①根据认定层次重大错报风险的评估结果选择进一步审计程序；

②考虑评估的认定层次重大错报风险产生的原因，确定拟实施的进一步审计程序；

③如果在实施进一步审计程序时拟利用被审计单位信息系统生成的信息，应当就信息的准确性和完整性获取审计证据。

（三）进一步审计程序的时间

进一步审计程序的时间是指注册会计师何时实施进一步审计程序，或审计证据适用的期间或时点。

1. 进一步审计程序的实施时间

注册会计师可以在期中或期末实施控制测试或实质性程序。

当重大错报风险较高时，应当考虑在期末或接近期末实施实质性程序；或采用不通知的方式，或在管理层不能预见的时间实施审计程序。

在期中实施进一步审计程序，可能有助于注册会计师在审计工作初期识别重大事项，并在管理层的协助下及时解决这些事项；或针对这些事项制定有效的实质性方案或综合性方案。

如果在期中实施了进一步审计程序，注册会计师还应当针对剩余期间获取审计证据。

2. 进一步审计程序的时间选择

注册会计师在确定何时实施审计程序时，应当考虑下列因素：

（1）控制环境；

（2）何时能得到相关信息；

（3）错报风险的性质；

（4）审计证据适用的期间或时点。

虽然注册会计师在很多情况下可以根据具体情况选择实施进一步审计程序的时间，但也存在着一些限制选择的情况。某些审计程序只能在期末或期末以后实施，包括将财务报表与会计记录相核对，检查财务报表编制过程中所作的会计调整等。如果被审计单位在期末或接近期末发生了重大交易，或重大交易在期末尚未完成，注册会计师应当考虑交易的发生或截止等认定可能存在的重大错报风险，并在期末或期末以后检查此类交易。

（四）进一步审计程序的范围

进一步审计程序的范围，是指实施进一步审计程序的数量，包括抽取的样本量、对某项控制活动的观察次数等。

注册会计师在确定审计程序的范围时，应当考虑下列因素：

（1）确定的重要性水平。确定的重要性水平越低，注册会计师实施进一步审计程序的范围越广。

（2）评估的重大错报风险。评估的重大错报风险越高，对拟获取审计证据的相关性、可靠性的要求越高，因此注册会计师实施的进一步审计程序的范围也越广。

（3）计划获取的保证程度。计划获取的保证程度是指注册会计师计划通过所实施的审计程序对测试结果可靠性所获取的信心。计划获取的保证程度越高，对测试结果可靠性的要求越高，注册会计师实施的进一步审计程序的范围越广。例如，注册会计师对财务报表是否不存在重大错报的信心可能来自控制测试和实质性程序，如果注册会计师计划从控制测试中获取更高的保证程度，则控制测试的范围就更广。

随着重大错报风险的增加，注册会计师应当考虑扩大审计程序的范围。但只有当审计程序本身与特定风险相关时，扩大审计程序的范围才是有效的。

三、控制测试

（一）控制测试的含义

控制测试是指注册会计师对内部控制执行的有效性实施进行测试。

1. 与了解内部控制的区别

了解内部控制包含两层含义：一是评价内部控制的设计；二是确定内部控制是否得到执行。测试内部控制运行的有效性与确定内部控制是否得到执行所需获取的审计证据是不同的。

在实施风险评估程序以获取内部控制是否得到执行的审计证据时，注册会计师应当确定某项控制是否存在、被审计单位是否正在使用。内部控制运行有效性强调的是内部控制能够在各个不同时点按照既定设计得以一贯执行。因此，了解内部控制是否得到执行时，注册会计师只需抽取少量的交易进行检查或观察某几个时点；但在测试内部控制运行的有效性时，注册会计师需要抽取足够数量的交易进行检查或对多个不同时点进行观察。

2. 控制测试的要求

只有认为控制设计合理、能够防止或发现并纠正认定层次的重大错报，注册会计师才有必要对控制运行的有效性实施测试。

在认为仅通过实施实质性程序不能获取充分、适当的审计证据的情况下，注册会计师必须实施控制测试，且这种测试已经不再是单纯出于成本效益的考虑，而是必须获取的一类审计证据。

3. 双重目的的测试

控制测试的目的是评价控制是否有效运行，细节测试的目的是发现认定

层次的重大错报。尽管两者目的不同，但注册会计师可以考虑针对同一交易同时实施控制测试和细节测试，以实现双重目的（双重目的测试）。

（二）控制测试的性质

控制测试的性质是指控制测试所使用的审计程序的类型及其组合。

控制测试的类型包括询问、观察、检查、重新执行和穿行测试。

注册会计师应当根据特定控制的性质考虑所需实施控制测试的类型：某些控制可能存在反映控制运行有效性的文件记录，应当考虑检查这些文件记录以获取控制运行有效性的审计证据；某些控制可能不存在文件记录，或文件记录与证实控制运行有效性不相关，应当考虑实施除检查以外的其他审计程序，以获取有关控制运行有效性的审计证据。

（三）控制测试的时间

控制测试的时间包含两层含义：一是何时实施控制测试；二是测试所针对的控制适用的时点或期间。

注册会计师应根据控制测试目的确定控制测试的时间，并确定拟信赖的相关控制的时点或期间。

如果仅需要测试控制在特定时点的运行有效性，注册会计师只需要获取该时点的审计证据。如果需要获取控制在某一期间有效运行的审计证据，仅获取与时点相关的审计证据是不充分的，注册会计师还应辅以其他控制测试，包括测试被审计单位对控制的监督。

如果已获取有关控制在期中运行有效性的审计证据，并拟利用该证据，注册会计师应当实施下列审计程序：一是获取这些控制在剩余期间变化情况的审计证据；二是确定针对剩余期间还需获取的补充审计证据。

如果控制在本期发生变化，注册会计师应当考虑以前审计获取的有关控制运行有效性的审计证据是否与本期审计相关；如果拟信赖的控制自上次测试后已发生变化，注册会计师应当在本期审计中测试这些控制运行的有效性。

如果确定评估的认定层次重大错报风险是特别风险，并拟信赖旨在减轻特别风险的控制，注册会计师就不能依赖以前审计获取的审计证据，而应在本期审计中测试这些控制的运行有效性。

（四）控制测试的范围

注册会计师应当设计和实施控制测试，以获取控制在整个拟信赖的期间有效运行的充分、适当的审计证据。

注册会计师在风险评估时，对控制运行有效性的拟信赖程度越高，需要实施控制测试的范围越大；控制的预期偏差率越高，需要控制测试的范围越大。

四、实质性程序

（一）实质性程序的含义

实质性程序是指注册会计师针对评估的重大错报风险实施的直接用以发现认定层次重大错报的审计程序。实质性程序包括对各类交易、账户余额、列报的细节测试以及实质性分析程序。

注册会计师对重大错报风险的评估是一种判断，可能无法充分识别所有的重大错报风险，并且由于内部控制存在固有的局限性，无论评估的重大错报风险结果如何，注册会计师都应当针对所有重大的各类交易、账户余额、列报实施实质性程序。

（二）实质性程序的性质

实质性程序的性质是指实质性程序的类型及其组合。

1. 实质性程序的类型

实质性程序包括对各类交易、账户余额、列报的细节测试程序以及实质性分析程序。其中，细节测试程序包括检查记录或文件、检查有形资产、观察、询问、函证、重新计算、截止测试、编制调节表等。

2. 实质性程序的类型考虑

（1）在设计细节测试程序时，应当考虑下列因素：

①针对存在或发生认定，应当选择包含在财务报表金额中的项目，并获取相关审计证据；

②针对完整性认定，应当选择有证据表明应包含在财务报表金额中的项目，并调查这些项目是否确实包括在内。

（2）在设计实质性分析程序时，应当考虑下列因素：

①对特定认定使用实质性分析程序的适当性；

②对已记录的金额或比率作出预期时，所依据的内部或外部数据的可靠性；

③作出预期的准确程度是否足以在计划的保证水平上识别重大错报；

④已记录金额与预期值之间可接受的差异额。

（三）实质性程序的时间

1. 实质性程序的实施时间

注册会计师可以在期中或期末实施实质性程序。如果在期中实施实质性程序，应当针对剩余期间实施进一步的实质性程序，或将实质性程序和控制测试结合使用，以将期中测试得出的结论合理延伸至期末。

2. 实质性程序的时间考虑

注册会计师若在期中实施实质性程序，会增加期末存在错报而未被发现的风险，并且该风险随着剩余期间的延长而增加。所以，决定是否在期中实施实质性程序时，应当考虑下列因素：

（1）控制环境和其他相关的控制；

（2）实施审计程序所需信息在期中之后的可获得性；

（3）实质性程序的目标；

（4）评估的重大错报风险；

（5）各类交易或账户余额以及相关认定的性质；

（6）针对剩余期间，能否通过实施实质性程序或将实质性程序与控制测试相结合，降低期末存在错报而未被发现的风险。

注册会计师如果拟将期中测试得出的结论延伸至期末，应当考虑针对剩余期间仅实施实质性程序是否足够。如果认为实施实质性程序本身不充分，注册会计师还应测试剩余期间相关控制运行的有效性或针对期末实施实质性程序。

如果拟利用以前审计中实施实质性程序获取的审计证据，注册会计师应当在本期实施审计程序，以确定这些审计证据是否具有持续相关性。

（四）实质性程序的范围

注册会计师在确定实质性程序的范围时，应当考虑评估的认定层次重大错报风险和实施控制测试的结果。

（1）注册会计师评估的认定层次的重大错报风险越高，需要实施实质性程序的范围越广。

（2）如果对控制测试结果不满意，应当考虑扩大实质性程序的范围。

第三节 审计工作记录

一、风险评估工作记录

注册会计师应当就下列内容形成审计工作记录：

（1）项目组对由于舞弊或错误导致财务报表发生重大错报的可能性进行的讨论以及得出的重要结论；

（2）注册会计师对被审计单位及其环境各个方面的了解要点（包括对内部控制各项要素的了解要点）、信息来源以及实施的风险评估程序；

（3）注册会计师在财务报表层次和认定层次识别、评估出的重大错报风险；

（4）注册会计师识别出的特别风险和仅通过实质性程序无法应对的重大错报风险，以及对相关控制的评估。

注册会计师需要运用职业判断，确定对上述事项进行记录的方式。常见的记录方式包括文字叙述、问卷、核对表和流程图等。

二、风险应对工作记录

注册会计师应当就下列事项形成审计工作记录：

（1）对评估的财务报表层次重大错报风险采取的总体应对措施；

（2）实施进一步审计程序的性质、时间和范围；

（3）实施的进一步审计程序与评估的认定层次重大错报风险的联系；

（4）实施进一步审计程序的结果。

复习思考题

1. 注册会计师应当从哪几个方面了解被审计单位及其环境？
2. 了解被审计单位及其环境的风险评估程序有哪些？
3. 注册会计师如何识别和评估财务报表层和认定层的重大错报风险？
4. 注册会计师针对财务报表层次重大错报风险的总体应对措施有哪些？
5. 如何确定进一步审计程序的性质、时间和范围？
6. 注册会计师如何考虑所需实施控制测试的性质、时间和范围？
7. 注册会计师如何考虑所需实施实质性程序的性质、时间和范围？

10 CHAPTER 第十章 审 计 抽 样

当代审计已经开始运用完善的抽样技术。抽样技术和方法运用于审计工作，是审计理论和实践的重大突破，实现了从详细审计到抽样审计的历史性飞跃。

审计抽样在审计职业界已被广泛采用，为了规范审计人员在审计过程中合理运用审计抽样方法，中国注册会计师协会颁布实施了《中国注册会计师审计准则第 1314 号——审计抽样和其他选取测试项目的方法》，审计署颁布了《审计机关审计抽样准则》，中国内部审计师协会颁布了《中国内部审计具体准则 18 号——审计抽样》，民间审计人员、国家审计人员和内部审计人员应当遵照执行其相应准则。本章以民间审计为例说明审计抽样的基本理论与基本方法。

第一节 审计抽样概述

一、审计抽样的含义和种类

（一）审计抽样的含义

所谓审计抽样，是指注册会计师对某类交易或账户余额中低于百分之百的项目实施审计程序，使所有抽样单元都有被选取的机会。审计抽样使注册会计师能够获取和评价与被选取项目的某些特征有关的审计证据，以形成或帮助形成对从中抽取样本的总体结论。

审计抽样应同时具备以下三个基本特征：

（1）对某类交易或账户余额中低于百分之百的项目实施审计程序；

（2）所有抽样单元都有被选取的机会；

（3）审计测试的目的是为了评价该账户余额或交易类型的某一特征。

（二）审计抽样的种类

1. 按抽样决策依据的不同，分为统计抽样和非统计抽样

中国注册会计师审计准则规定，在对某类交易或账户余额使用审计抽样

时，注册会计师可以使用统计抽样方法，也可以使用非统计抽样方法。

统计抽样是指同时具备下列特征的抽样方法：（1）随机选取样本；（2）运用概率论评价样本结果，包括计量抽样风险。

统计抽样的样本必须具有上述两个特征，不同时具备上述两个特征的抽样方法为非统计抽样。一方面，即使注册会计师严格按照随机原则选取样本，如果没有对样本结果进行统计评估，就不能认为使用了统计抽样。另一方面，基于非随机选样的统计评估也是无效的。

注册会计师应当根据具体情况并运用职业判断，确定使用统计抽样或非统计抽样方法，以最有效率地获取审计证据。例如，在控制测试中，与仅仅对偏差的发生进行定量分析相比，对偏差的性质和原因进行定性分析通常更为重要。在这种情况下，使用非统计抽样可能更为适当。

注册会计师在统计抽样与非统计抽样方法之间进行选择时，主要考虑成本效益。

统计抽样与非统计抽样的相同点是：两者都需要运用职业和专业判断；只要运用得当，两种方法都可以提供审计所要求的充分适当的证据；都存在某种程度的抽样风险和非抽样风险；两种方法的选择不影响审计程序的选择，也不影响对样本错误的反应。

统计抽样与非统计抽样的区别是：统计抽样利用概率论和数理统计的方法来控制抽样风险，且能量化控制抽样风险；而非统计抽样，是注册会计师凭主观标准和个人经验来确定样本规模和评价样本结果。

2. 按了解的总体特征的不同，分为属性抽样和变量抽样

在控制测试中，注册会计师要作出总体错误率多少的结论，而不必作出总体错误金额大小的估计，因此，控制测试中使用的审计抽样方法要对总体进行定性评价，并能描述总体的质量特征，这种审计抽样方法称为属性抽样。属性抽样主要有固定样本量抽样、停—走抽样、发现抽样三种抽样方法，其中固定样本量抽样是一种最为广泛使用的方法。

在实质性测试中，要求注册会计师作出总体错误数额的结论，因此，实质性测试中所使用的审计抽样方法要能对总体进行定量估计，并能描述总体的数量特征，这种审计抽样方法称为变量抽样。传统的变量抽样方法有单位平均估计抽样、比率估计抽样和差额估计抽样等多种形式。

二、审计抽样与其他选取测试项目的方法的关系

在设计审计程序时，注册会计师应当使用适当的方法选取测试项目，这些方法包括选取全部项目、选取特定项目和审计抽样。注册会计师应根据具

体情况，单独或综合使用选取测试项目的方法。

（一）选取全部项目

实施细节测试时，在某些情况下，基于重要性水平或风险的考虑，注册会计师可能认为需要测试总体中的全部项目。

当存在下列情形之一时，注册会计师应当考虑选取全部项目进行测试：

（1）总体由少量的大额项目构成。

（2）存在特别风险且其他方法未提供充分、适当的审计证据。存在特别风险的项目主要包括：管理层高度参与的或错报可能性较大的交易事项或账户余额，非常规的交易事项或账户余额（特别是与关联方有关的交易或余额），长期不变的账户余额，可疑的或非正常的项目，或明显不规范的项目，以前发生过错误的项目，期末人为调整的项目。

（3）由于信息系统自动执行的计算或其他程序具有重复性，对全部项目进行检查符合成本效益原则。如注册会计师可运用计算机辅助审计技术选取全部项目进行测试。

（二）选取特定项目

根据对被审计单位的了解、评估的重大错报风险以及所测试总体的特征等，注册会计师可以确定从总体中选取特定项目进行测试。

选取的特定项目可能包括：

（1）大额或关键项目；

（2）超过某一金额的全部项目；

（3）被用于获取某些信息的项目；

（4）被用于测试控制活动的项目。

选取特定项目时，注册会计师只对审计对象总体中的部分项目进行测试。注册会计师通常按照覆盖率或风险因素选取测试项目，或将这两种方法结合使用。选取特定项目实施检查通常是获取审计证据的有效手段，但不构成审计抽样。对按照这种方法所选取的项目实施审计程序的结果，不能推断至整个总体。

（三）审计抽样

在选取了特定项目之后，注册会计师应当根据总体剩余部分的重大性，考虑是否需要针对剩余项目实施审计抽样。对被选取的项目，注册会计师对其进行百分之百测试。对于剩余的项目，注册会计师则考虑是否需要针对其获取充分、适当的审计证据。如果认为剩余项目总体不重要，注册会计师可能认为没有必要进行测试，因而不对其实施任何审计程序；否则，注册会计师通常对剩余项目实施审计程序，包括实施分析程序和细节测试。

三、审计抽样的适用情形

为获取审计证据，注册会计师通常根据不同目的使用风险评估、控制测试和实质性程序，审计抽样的适用情况也各不相同。

1. 风险评估

风险评估程序通常不涉及审计抽样。其原因是，一方面，注册会计师实施风险评估程序的目的是了解被审计单位及其环境，识别和评估重大错报风险，而不需要对总体取得结论性证据。另一方面，风险评估程序实施的范围较为广泛，获取的信息具有较强的主观色彩，因此通常不涉及使用审计抽样。

2. 控制测试

当控制的运行留下轨迹时，注册会计师可以考虑使用审计抽样实施控制测试。对于未留下运行轨迹的控制，注册会计师通常实施询问、观察等审计程序，以获取有关控制运行有效性的审计证据，此时不涉及审计抽样。

3. 实质性程序

实质性程序包括对各类交易、账户余额、列报的细节测试，以及实质性分析程序。在实施细节测试时，注册会计师可以使用审计抽样获取审计证据，以验证有关财务报表金额的一项或多项认定（如应收账款的存在性），或对某些金额作出独立估计（如陈旧存货的价值）。在实施实质性分析程序时，注册会计师不宜使用审计抽样。

四、抽样风险与非抽样风险对审计风险的影响与控制

（一）抽样风险

抽样风险是指注册会计师根据样本得出的结论，与对总体全部项目实施与样本同样的审计程序得出的结论存在差异的可能性。

抽样风险分为下列两种类型：

（1）在实施控制测试时，注册会计师推断的控制有效性高于其实际有效性的风险（信赖过度风险）；或在实施细节测试时，注册会计师推断某一重大错报不存在而实际上存在的风险（误受风险）。此类风险影响审计的效果，并可能导致注册会计师发表不恰当的审计意见。例如，实施控制测试时，注册会计师在100个样本项目中发现2个偏差，并由此认为控制运行有效，但实际该总体的实际偏差率为8%，注册会计师本该作出控制未有效运行的结论。

（2）在实施控制测试时，注册会计师推断的控制有效性低于其实际有

效性的风险（信赖不足风险）；或在实施细节测试时，注册会计师推断某一重大错报存在而实际上不存在的风险（误拒风险）。此类风险影响审计的效率。

（二）非抽样风险

非抽样风险是指由于某些与样本规模无关的因素而导致注册会计师得出错误结论的可能性。非抽样风险是由人为错误造成的，因而是可以降低、消除或防范的。

在审计过程中，可能导致非抽样风险的原因包括下列情况：

（1）注册会计师选择的总体不适于测试目标。

（2）注册会计师未能适当地定义控制偏差或错报，导致注册会计师未能发现样本中存在的偏差或错报。

（3）注册会计师选择了不适于实现特定目标的审计程序。如注册会计师依赖应收账款函证来揭露未入账的应收账款。

（4）注册会计师未能适当地评价审计发现的情况。例如，注册会计师错误解读审计证据导致没有发现误差，或对所发现误差的重要性的判断有误，从而忽略了性质十分重要的误差，导致得出不恰当的结论。

（5）其他原因。

（三）对审计风险的影响

审计风险取决于重大错报风险和检查风险。审计过程中存在的抽样风险和非抽样风险可能影响重大错报风险的评估和检查风险的确定。例如，在控制测试中，当总体实际偏差率非常高时，如果注册会计师由于实施了不适当的审计程序而未能发现样本中的错误，重大错报风险评估水平就会受到非抽样风险的影响；如果注册会计师实施了适当的审计程序而在样本中未发现偏差或仅发现少量偏差，并作出控制运行有效的结论，重大错报风险评估水平则会受到抽样风险的影响。又如，在细节测试中，如果注册会计师实施了不适当的分析程序而得出错误的结论，检查风险水平就会受到非抽样风险的影响；如果当总体实际错报高于可容忍错报时，注册会计师在细节测试的样本中只发现了很小的错报，导致得出错误的结论，检查风险水平就会受到抽样风险的影响。

（四）对抽样风险与非抽样风险的控制

只要使用了审计抽样，抽样风险就会存在。为了将审计风险降至可接受的低水平，注册会计师应当从抽样风险和非抽样风险两个方面进行控制。在使用非统计抽样时，注册会计师无法量化抽样风险，只能根据职业判断对其进行定性的评价和控制。对特定样本而言，抽样风险与样本规模反方向变动：

样本规模越小，抽样风险越大；样本规模越大，抽样风险越小。既然抽样风险只与被检查项目的数量有关，那么控制抽样风险的唯一途径就是控制样本规模。无论是控制测试还是细节测试，注册会计师都可以通过扩大样本规模来降低抽样风险。如果对总体中的所有项目都实施检查，就不存在抽样风险，此时审计风险则完全由非抽样风险产生。

非抽样风险是由人为错误造成的，因而是可以降低、消除或防范的。虽然在任何一种抽样方法中注册会计师都不能量化非抽样风险，但通过采取适当的质量控制政策和程序，对审计工作进行适当的指导、监督与复核，以及对注册会计师实务进行适当改进，可以将非抽样风险降至可以接受的水平。注册会计师也可以通过仔细设计审计程序来尽量降低非抽样风险。

五、审计抽样的基本步骤

（一）样本设计

在设计审计样本时，注册会计师应当考虑审计程序的目标和抽样总体的属性。在实施抽样之前，注册会计师必须仔细定义总体，确定抽样总体的范围。

总体是指注册会计师从中选取样本并据此得出结论的整套数据。注册会计师所定义的总体应具备以下两个特征：

（1）适当性。注册会计师确定的总体应适合于特定的审计目标，包括适合于测试的方向。例如，在控制测试中，如果要测试用以保证所有发运商品都已开单的控制是否有效运行，注册会计师从已开单的项目中抽取样本不能发现误差，因为该总体不包含那些已发运但未开单的项目。为发现这种误差，将所有已发运的项目作为总体通常比较适当。又如，在细节测试中，如果注册会计师的目标是测试应付账款的高估，总体可以定义为应付账款清单；但在测试应付账款的低估时，总体就不是应付账款清单，而是后来支付的证明、未付款的发票、供货商的对账单、没有销售发票对应的收货报告，或能提供低估应付账款的审计证据的其他总体。

（2）完整性。注册会计师应当从总体项目内容和涉及时间等方面确定总体的完整性。例如，如果注册会计师从档案中选取付款证明，除非确信所有的付款证明都已归档，否则注册会计师不能对该期间的所有付款证明作出结论。又如，如果注册会计师对某一控制活动在财务报告期间是否有效运行作出结论，总体应包括来自整个报告期间的所有相关项目。注册会计师也可采用其他方法，如对总体进行分层，然后只对一年中前 10 个月的控制活动使用审计抽样作出结论，对剩余的两个月则使用替代审计程序或单独选取样本。

注册会计师通常从代表总体的实物中选取样本项目。例如，如果注册会计师将总体定义为特定日期的所有应收账款余额，代表总体的实物就是打印的该日客户应收账款余额明细表。又如，如果总体是某一测试期间的销售收入，代表总体的实物就可能是记录在销售日记账中的销售交易，也可能是销售发票。由于注册会计师实际上是从该实物中选取样本，所有根据样本得出的结论只与该实物有关。如果代表总体的实物和总体不一致，注册会计师可能对总体作出错误的结论。

如果总体项目存在重大的变异性，注册会计师应当考虑分层。分层是指将一个总体划分为多个子总体的过程，每个子总体由一组具有相同特征（通常为货币金额）的抽样单元组成。分层可以降低每一层中项目的变异性，从而在抽样风险没有成比例增加的前提下减小样本规模。注册会计师应当仔细界定子总体，以使每一抽样单元只能属于一个层。

（二）确定样本规模

样本规模是指从总体中选取样本项目的数量。在确定样本规模时，注册会计师应当考虑能否将抽样风险降至可接受的低水平。确定样本规模受多种因素的影响，且在控制测试和细节测试中有所不同。

（1）可接受的抽样风险。样本规模受注册会计师可接受的抽样风险水平的影响，可接受的风险水平越低，需要的样本规模越大。在控制测试中，注册会计师主要关注抽样风险中的信赖过度风险。在细节测试中，注册会计师主要关注抽样风险中的误受风险。

（2）可容忍误差。可容忍误差是指注册会计师能够容忍的最大误差。在其他因素既定的条件下，可容忍误差越大，所需的样本规模越小。在控制测试中，可容忍误差是指可容忍偏差率。在确定可容忍偏差率时，注册会计师应考虑计划评估的控制有效性。计划评估的控制有效性越低，注册会计师确定的可容忍偏差率通常越高，所需的样本规模就越小。在细节测试中，可容忍误差是指可容忍错报。可容忍错报的确定以注册会计师对财务报表层次重要性水平的初步评估为基础，某账户的可容忍错报实际上就是该账户的重要性水平，它是该账户的错报与其他账户的错报汇总起来不会引起财务报表整体重大错报的最大金额。对特定的账户而言，当抽样风险一定时，如果注册会计师确定的可容忍错报降低，所需的样本规模就越大。

（3）预计总体误差。预计总体误差即注册会计师预期在审计过程中发现的误差。在控制测试中，预计总体误差是指预计总体偏差率。在细节测试中，预计总体误差是指预计总体错报额。预计总体误差越大，可容忍误差也应当越大。

(4) 总体变异性。总体变异性是指总体的某一特征（如金额）在各项目之间的差异程度。在控制测试中，注册会计师在确定样本规模时一般不考虑总体变异性。在细节测试中，注册会计师确定适当的样本规模时要考虑特征的变异性。

(5) 总体规模。除非总体非常小，一般而言总体规模对样本规模几乎没有影响。对小规模总体而言，审计抽样比其他选取测试项目的方法的效率低。

审计抽样中影响样本规模的因素及其在控制测试和细节测试中的表现形式如表 10－1 所示。

表 10－1　　影响样本规模的因素

影响因素	控制测试	细节测试	与样本规模的关系
可接受的抽样风险	可接受的信赖过度风险	可接受的误受风险	反向变动
可容忍误差	可容忍偏差率	可容忍错报	反向变动
预计总体误差	预计总体偏差率	预计总体错报	同向变动
总体变异性	——	总体变异性	同向变动
总体规模	总体规模	总体规模	影响很小

（三）选取样本

在选取样本项目时，注册会计师应当使总体中的所有抽样单元均有被选取的机会。选取样本的基本方法如下：

(1) 随机选样。即使用随机数表或计算机辅助审计技术选样。应用随机数表选样时，首先应建立总体中的项目与表中数字的一一对应关系，然后从随机数表中选择随机起点和选号路线，依次查找符合总体项目编号要求的数字，与此号码相对应的总体项目即为选取的样本项目。

(2) 系统选样。系统选样也称等距选样，是指按照相同的间隔从审计对象总体中等距离地选取样本的一种选样方法。采用系统选样法，首先要计算选样间距，确定选样起点，然后再根据间距顺序地选取样本。

选样间距＝总体规模÷样本规模

(3) 随意选样。随意选样也叫任意选样，是指不带任何偏见地选取样本，即不考虑样本项目的性质、大小、外观、位置或其他特征而选取总体项目。

【例题 10－1】 假定某委托人应收账款的编号为 0001 至 3500，注册会计师拟选择其中 350 份进行函证，随机数表如下：

行 \ 列	1	2	3	4	5
1	04734	39426	91035	54939	76873
2	10417	19688	83404	42038	48226
3	07514	48374	35658	38971	53779
4	52305	86925	16223	25946	90222
5	96357	11486	30102	82679	57983
6	92870	05921	65698	27993	86406
7	00500	75924	38803	05286	10072
8	34826	93784	52709	15370	96727
9	25809	21860	36790	76883	20435
10	77487	38419	20631	48694	12638

要求：

（1）利用给出的随机数表，从第 2 行第 1 个数字起，自左向右，依后四位数为准，注册会计师选择的最初 5 个样本的号码分别应是哪些？

（2）采用系统选择的方法选择，并确定随机起点 0005，注册会计师选择的最初 5 个样本的号码分别是哪些？

答案：

（1）0417、3404、2038、2305、0222

（2）0005、0015、0025、0035、0045

此外，在实务中还有整群选样和判断选样两种常用的选取样本项目的方法。在整群抽样中，如果群是随机选取的，则样本具有代表性，但所要求的有效样本往往会大得不切实际，因此整群抽样通常不宜在审计抽样中使用。判断选样则带有故意偏见，注册会计师运用判断选出的项目对总体来说并不具有代表性，因而对选出项目的结论不应推广到总体。这些方法虽在实务中得以广泛应用，但注册会计师应当明确，该方法属于选取特定项目的方法，并不适用于审计抽样。

（四）对样本实施审计程序

对选取的样本项目实施审计程序，旨在发现并记录样本中存在的误差。如果选取的项目不适合实施审计程序，注册会计师通常使用替代项目。如果注册会计师对样本结果的评价不会因为未检查项目可能存在错报而改变，就无需对这些项目进行检查。如果未检查项目可能存在的错报会导致该类交易或账户余额存在重大错报，注册会计师就要考虑实施替代程序，为形成结论提供充分的证据。如果注册会计师无法或者没有执行替代审计程序，则应将该项目视为一项误差。

（五）分析误差的性质和原因

无论是统计抽样还是非统计抽样，对样本结果的定性评估和定量评估一样重要。即使样本的统计评价结果在可以接受的范围内，注册会计师也应对样本中的所有误差（包括控制测试中的控制偏差和细节测试中的金额错报）进行定性分析。

（六）推断总体误差

在细节测试中，对选出的项目实施审计程序后，可能会发现金额错报。注册会计师应当根据样本中发现的错报推断总体错报，并将推断的总体误差金额与可容忍误差比较。在根据样本误差推断总体时，如果将某一误差确定为异常误差，注册会计师可以将其排除在外。如果异常误差未得到更正，注册会计师除需推断非异常误差外，还需考虑异常误差的影响。如果某类交易或账户余额已经分层，注册会计师应当在每一层分别推断误差。在考虑误差对某类交易或账户余额的总额可能的影响时，注册会计师应当将每个层的推断误差与异常误差汇总起来考虑。

在实施控制测试时，由于样本的误差率就是整个总体的推断误差率，注册会计师无需推断总体误差率，但必须考虑抽样风险。

（七）样本结果的评价

1. 控制测试中的样本结果评价

（1）统计抽样。根据样本规模、样本结果，在确定的信赖过度风险条件下计算或查表得到可能发生的偏差率上限的估计值，并按下列原则形成结论：

①如果估计的总体偏差率上限低于可容忍偏差率，则总体可以接受；

②如果估计的总体偏差率上限大于或等于可容忍偏差率，则总体不能接受，应当修正重大错报风险评估水平，并增加实质性程序的数量；

③如果估计的总体偏差率上限低于但接近可容忍偏差率，注册会计师应当考虑是否接受总体，并考虑是否需要扩大测试范围。

（2）非统计抽样。在非统计抽样中，抽样风险无法直接计量，注册会计师通常直接将样本偏差率（即估计的总体偏差率）与可容忍偏差率相比较，以判断总体是否可以接受。具体分以下四种情况：

①如果样本偏差率大于可容忍偏差率，则总体不能接受，应当修正重大错报风险评估水平，并增加实质性程序的数量；

②如果样本偏差率上限低于但接近可容忍偏差率，注册会计师通常认为总体实际偏差率高于可容忍偏差率的抽样风险很高，因而总体不可接受；

③如果样本偏差率与可容忍偏差率之间的差额不是很大也不是很小，以至于不能认定总体是否可以接受时，注册会计师应考虑扩大样本规模，以进

一步收集证据；

④如果样本偏差率大大低于总体的可容忍偏差率，则总体可以接受。

2. 细节测试中的样本结果评价

根据样本中发现的实际错报，要求被审计单位调整账面记录金额。将被审计单位已更正的错报从推断的总体错报金额中减掉后，注册会计师将调整后的推断总体错报上限与该类交易或账户余额的可容忍错报相比较。

（1）统计抽样。注册会计师应当将计算出的总体错报上限与可容忍错报比较。计算的总体错报等于推断的总体错报（调整后）与抽样风险允许限度之和。

①如果计算的总体错报上限低于可容忍错报，则总体可以接受，所测试的交易或账户余额不存在重大错报。

②如果计算的总体错报上限大于或等于可容忍错报，则总体不能接受，所测试的交易或账户余额存在重大错报。注册会计师应建议被审计单位对错报进行调查，且在必要时调整账面记录。

（2）非统计抽样。在非统计抽样中，注册会计师运用其经验和职业判断评价抽样结果。

①如果调整后的总体错报大于可容忍错报，注册会计师可以作出总体实际错报大于可容忍错报的结论。

②如果调整后的总体错报远远小于可容忍错报，注册会计师可以作出总体实际错报小于可容忍错报的结论。

③如果调整后的总体错报虽然小于可容忍错报，但两者之间的差距很接近（既不很小又不很大），注册会计师必须特别仔细地考虑总体实际错报超过可容忍错报的风险是否能够接受，是否需要扩大细节测试的范围，以获取进一步的证据。

第二节　控制测试中抽样技术的运用

一、抽样的基本概念在控制测试中的具体表现

在控制测试中，可接受的抽样风险主要指可接受的信赖过度风险，可容忍误差表现为可容忍偏差率，预计总体误差指预计总体偏差率。

二、控制测试中运用的常用抽样方法

在控制测试中，注册会计师在统计抽样时通常使用以下三种抽样方法：

（一）固定样本量抽样

在固定样本量抽样中，注册会计师对一个确定规模的样本实施检查，且

等到某一确定规模的样本全部选取、审查完以后才作出审计结论。

1. 确定样本规模

(1) 使用统计公式计算样本规模。

在基于泊松分布的统计模型中，样本量的计算公式如下：

样本量 (n) = 可接受的信赖过度风险系数 (R) ÷ 容忍偏差率(TR)

其中，可接受的信赖过度风险系数取决于特定的信赖过度风险和预期将出现的偏差的个数，可在泊松分布表中查得。

(2) 使用样本量表确定样本规模。

注册会计师根据可接受的信赖过度风险选择相应的抽样规模表，然后读取预计总体偏差率栏，找到适当的比率。

表 10-2　　控制测试中统计抽样样本规模

——信赖过度风险 5%

预计总体偏差率(%)	可容忍偏差率										
	2%	3%	4%	5%	6%	7%	8%	9%	10%	15%	20%
0.00	149 (0)	99 (0)	74(0)	59(0)	49(0)	42(0)	36(0)	32(0)	29(0)	19(0)	14(0)
0.25	236(1)	157(1)	117(1)	93(1)	78(1)	66(1)	58(1)	51(1)	46(1)	30(1)	22(1)
0.50	*	157(1)	117(1)	93(1)	78(1)	66(1)	58(1)	51(1)	46(1)	30(1)	22(1)
0.75	*	208(2)	117(1)	93(1)	78(1)	66(1)	58(1)	51(1)	46(1)	30(1)	22(1)
1.00	*	*	156(2)	93(1)	78(1)	66(1)	58(1)	51(1)	46(1)	30(1)	22(1)
1.25	*	*	156(2)	124(2)	78(1)	66(1)	58(1)	51(1)	46(1)	30(1)	22(1)
1.50	*	*	192(3)	124(2)	103(2)	66(1)	58(1)	51(1)	46(1)	30(1)	22(1)
1.75	*	*	227(4)	153(3)	103(2)	88(2)	77(2)	51(1)	46(1)	30(1)	22(1)
2.00	*	*	*	181(4)	127(3)	88(2)	77(2)	68(2)	46(1)	30(1)	22(1)
2.25	*	*	*	208(5)	127(3)	88(2)	77(2)	68(2)	61(2)	30(1)	22(1)
2.50	*	*	*	*	150(4)	109(3)	77(2)	68(2)	61(2)	30(1)	22(1)
2.75	*	*	*	*	173(5)	109(3)	95(3)	68(2)	61(2)	30(1)	22(1)
3.00	*	*	*	*	195(6)	129(4)	95(3)	84(3)	61(2)	30(1)	22(1)
3.25	*	*	*	*	*	148(5)	112(4)	61(2)	30(1)	22(1)	22(1)
3.50	*	*	*	*	*	167(6)	112(4)	76(3)	40(2)	22(1)	22(1)
3.75	*	*	*	*	*	185(7)	129(5)	100(4)	76(3)	40(2)	22(1)
4.00	*	*	*	*	*	*	146(6)	100(4)	89(4)	40(2)	22(1)
5.00	*	*	*	*	*	*	*	158(8)	116(6)	40(2)	30(2)
6.00	*	*	*	*	*	*	*	*	179(11)	50(3)	30(2)
7.00	*	*	*	*	*	*	*	*	*	68(3)	37(3)

注：(1) 本表假设总体为大总体；(2) 括号内是可接受的偏差数；(3) *样本规模太大，因而在多数情况下不符合成本效益原则。

资料来源：中国注册会计师执业准则指南。

表 10－3　　控制测试中统计抽样样本规模

——信赖过度风险 10%

预计总体偏差率%	可容忍偏差率										
	2%	3%	4%	5%	6%	7%	8%	9%	10%	15%	20%
0.00	114(0)	76(0)	57(0)	45(0)	38(0)	32(0)	28(0)	25(0)	22(0)	15(0)	11(0)
0.25	194(1)	129(1)	96(1)	77(1)	64(1)	55(1)	48(1)	42(1)	38(1)	25(1)	18(1)
0.50	194(1)	129(1)	96(1)	77(1)	64(1)	55(1)	48(1)	42(1)	38(1)	25(1)	18(1)
0.75	265(2)	129(1)	96(1)	77(1)	64(1)	55(1)	48(1)	42(1)	38(1)	25(1)	18(1)
1.00	*	176(2)	96(1)	77(1)	64(1)	55(1)	48(1)	42(1)	38(1)	25(1)	18(1)
1.25	*	221(3)	132(2)	77(1)	64(1)	55(1)	48(1)	42(1)	38(1)	25(1)	18(1)
1.50	*	*	132(2)	105(2)	64(1)	55(1)	48(1)	42(1)	38(1)	25(1)	18(1)
1.75	*	*	166(3)	105(2)	88(2)	55(1)	48(1)	42(1)	38(1)	25(1)	18(1)
2.00	*	*	198(4)	132(3)	88(2)	75(2)	48(1)	42(1)	38(1)	25(1)	18(1)
2.25	*	*	*	132(3)	88(2)	75(2)	65(2)	42(2)	38(2)	25(1)	18(1)
2.50	*	*	*	158(4)	110(3)	75(2)	65(2)	58(2)	38(2)	25(1)	18(1)
2.75	*	*	*	209(6)	132(4)	94(3)	65(2)	58(2)	52(2)	25(1)	18(1)
3.00	*	*	*	*	132(4)	94(3)	65(2)	58(2)	52(2)	25(1)	18(1)
3.25	*	*	*	*	153(5)	113(4)	82(3)	58(2)	52(2)	25(1)	18(1)
3.50	*	*	*	*	194(7)	113(4)	82(3)	73(3)	52(2)	25(1)	18(1)
3.75	*	*	*	*	*	131(5)	98(4)	73(3)	52(2)	25(1)	18(1)
4.00	*	*	*	*	*	149(6)	98(4)	73(3)	65(3)	25(1)	18(1)
5.00	*	*	*	*	*	*	160(8)	115(6)	78(4)	34(2)	18(1)
6.00	*	*	*	*	*	*	*	182(11)	116(7)	43(3)	25(2)
7.00	*	*	*	*	*	*	*	*	199(14)	52(4)	25(2)

注：(1) 本表假设总体为大总体；(2) 括号内是可接受的偏差数；(3) *样本规模太大，因而在多数情况下不符合成本效益原则。

资料来源：中国注册会计师执业准则指南。

2. 推断总体误差

(1) 计算总体偏差率。

将样本中发现的偏差数量除以样本规模，计算出样本偏差率。样本偏差率就是对总体偏差率的最佳估计。

(2) 计算总体偏差率上限。

利用公式、表格或计算机程序直接计算在确定的信赖过度风险水平下可能发生的偏差率上限（MDR），其计算公式如下：

偏差率上限＝估计的总体偏差率＋抽样风险允许限度

使用统计公式评价样本结果：

$$MDR = R \div n$$

其中，R 为风险系数（见表 10－4），n 为样本量。

表 10－4　　　　控制测试中常用的风险系数表

预期发生偏差的数量	信赖过度风险	
	5%	10%
0	3.0	2.3
1	4.8	3.9
2	6.3	5.3
3	7.8	6.7
4	9.2	8.0
5	10.5	9.3
6	11.9	10.6
7	13.2	11.8
8	14.5	13.0
9	15.7	14.2
10	17.0	15.4

资料来源：中国注册会计师执业准则指南。

使用样本结果评价表评价样本结果，见表 10－5 和表 10－6。

表 10－5　　　　控制测试中统计抽样结果评价

——信赖过度风险 5% 时的偏差率上限

样本规模	实际发现的偏差数										
	0	1	2	3	4	5	6	7	8	9	10
25	11.3	17.6	*	*	*	*	*	*	*	*	*
30	9.5	14.9	19.6	*	*	*	*	*	*	*	*
35	8.3	12.9	17.0	*	*	*	*	*	*	*	*
40	7.3	11.4	15.0	18.3	*	*	*	*	*	*	*
45	6.5	10.2	13.4	16.4	19.2	*	*	*	*	*	*
50	5.9	9.2	12.1	14.8	17.4	19.9	*	*	*	*	*
55	5.4	8.4	11.1	13.5	15.9	18.2	*	*	*	*	*
60	4.9	7.7	10.2	12.5	14.7	16.8	18.8	*	*	*	*
65	4.6	7.1	9.4	11.5	13.6	15.5	17.4	19.3	*	*	*
70	4.2	6.6	8.8	10.8	12.6	14.5	16.3	18.0	19.7	*	*
75	4.0	6.2	8.2	10.1	11.8	13.6	15.2	16.9	18.5	20.0	*
80	3.7	5.8	7.7	9.5	11.1	12.7	14.3	15.9	17.4	18.9	*
90	3.3	5.2	6.9	8.4	9.9	11.4	12.8	14.2	15.5	16.8	18.2

续表

样本规模	实际发现的偏差数										
	0	1	2	3	4	5	6	7	8	9	10
100	3.0	4.7	6.2	7.6	9.0	10.3	11.5	12.8	14.0	15.2	16.4
125	2.4	3.8	5.0	6.1	7.2	8.3	9.3	10.3	11.3	12.3	13.2
150	2.0	3.2	4.2	5.1	6.0	6.9	7.8	8.6	9.5	10.3	11.1
200	1.5	2.4	3.2	3.9	4.6	5.2	5.9	6.5	7.2	7.8	8.4

注：(1) 本表以百分比表示偏差率上限；(2) 本表假设总体足够大；(3) *超过 20%。

资料来源：中国注册会计师执业准则指南。

表 10-6　　控制测试中统计抽样结果评价

——信赖过度风险 10% 时的偏差率上限

样本规模	实际发现的偏差数										
	0	1	2	3	4	5	6	7	8	9	10
20	10.9	18.1	*	*	*	*	*	*	*	*	*
25	8.8	14.7	19.9	*	*	*	*	*	*	*	*
30	7.4	12.4	16.8	*	*	*	*	*	*	*	*
35	6.4	10.7	14.5	18.1	*	*	*	*	*	*	*
40	5.6	9.4	12.8	16.0	19.0	*	*	*	*	*	*
45	5.0	8.4	11.4	14.3	17.0	19.7	*	*	*	*	*
50	4.6	7.6	10.3	12.9	15.4	17.8	*	*	*	*	*
55	4.1	6.9	9.4	11.8	14.1	16.3	18.4	*	*	*	*
60	3.8	6.4	8.7	10.8	12.9	15.0	16.9	18.9	*	*	*
70	3.3	5.5	7.5	9.3	11.1	12.9	14.6	16.3	17.9	19.6	*
80	2.9	4.8	6.6	8.2	9.8	11.3	12.8	14.3	15.8	17.2	18.6
90	2.6	4.3	5.9	7.3	8.7	10.1	11.5	12.8	14.1	15.4	16.6
100	2.3	3.9	5.3	6.6	7.9	9.1	10.3	11.5	12.7	13.9	15.0
120	2.0	3.3	4.4	5.5	6.6	7.6	8.7	9.7	10.7	11.6	12.6
160	1.5	2.5	3.3	4.2	5.0	5.8	6.5	7.3	8.0	8.8	9.5
200	1.2	2.0	2.7	3.4	4.0	4.6	5.3	5.9	6.5	7.1	7.6

注：(1) 本表以百分比表示偏差率上限；(2) 本表假设总体足够大；(3) *超过 20%。

资料来源：中国注册会计师执业准则指南。

3. 分析偏差的性质和原因

除了评价偏差发生的频率之外，注册会计师还要对偏差进行定性分析，即分析偏差的性质和原因。

（二）停—走抽样

停—走抽样是固定样本量抽样的一种特殊形式。停—走抽样从预计总体偏差率为零开始，通过边抽样边评估来完成审计工作。实施停—走抽样时，注册会计师先抽取一定量的样本进行审查，如果结果可以接受，就停止抽样，得出结论；如果结果不能接受，就扩大样本量，继续审查，直至得出结论。

（三）发现抽样

发现抽样是固定样本量抽样的另一种特殊形式，与固定样本量抽样的不同之处在于发现抽样将预计总体偏差率直接定为0%，并根据可接受信赖过度风险和可容忍偏差率一起确定样本量。在对选出的样本进行审查时，一旦发现一个偏差就立即停止抽样。如果在样本中没有发现偏差，则可以得出总体可以接受的结论。发现抽样适合于查找重大舞弊或非法行为。

第三节　实质性测试中抽样技术的运用

一、抽样的基本概念在实质性测试中的具体表现

在实质性测试中，可接受的抽样风险主要是指抽样风险中的误受风险，有时也包括误拒风险；可容忍误差表现为可容忍错报，预计总体误差指预计总体错报额。

二、在实质性测试中常用的抽样方法

在实质性测试中，注册会计师使用的统计抽样方法主要包括传统的变量抽样法和概率比例规模抽样法（以下简称 PPS 抽样）。

（一）变量抽样

变量抽样主要包括均值估计抽样、差额估计抽样和比率估计抽样三种具体方法。每种方法推断总体错报的方法各不相同，但步骤基本相同，均包括确定样本量和利用样本信息推断总体信息。

1. 均值估计抽样

均值估计抽样是指通过抽样审查确定样本的平均值，再根据样本平均值推断总体的平均值和总值的一种变量抽样方法。

样本平均值 = 样本实际金额 ÷ 样本规模

总体金额估计值 = 样本平均值 × 总体规模

使用这种方法时，注册会计师先确定样本中审定项目的平均值，然后用

其乘以总体规模，得出总体金额的估计值。总体估计金额和总体账面金额之间的差额就是推断的总体错报。

2. 差额估计抽样

差额估计抽样是以样本实际金额与账面金额的平均差额来估计总体实际金额与账面金额的平均差额，然后再以这个平均差额乘以总体规模，从而求出总体的实际金额与账面金额的差额（即总体错报）的一种方法。

平均错报 = 样本实际金额与账面金额的差额 ÷ 样本规模

推断的总体错报 = 平均错报 × 总体规模

3. 比率估计抽样

比率估计抽样是指以样本的实际金额与账面金额之间的比率关系来估计总体实际金额与账面金额之间的比率关系，然后再以这个比率去乘总体的账面金额，从而求出估计的总体实际金额的一种抽样方法。

比率 = 样本审定金额 ÷ 样本账面金额

估计的总体实际金额 = 总体账面金额 × 比率

如果未对总体进行分层，注册会计师通常不使用均值估计抽样，因为此时所需的样本规模可能太大，对一般的审计而言不符合成本效益原则。而比率估计抽样和差额估计抽样都要求样本项目存在错报，如果样本项目的审定金额和账面金额之间没有差异，这两种方法使用的公式所隐含的机理就会导致错误的结论。如果注册会计师决定使用统计抽样，且预计只发现少量差异，就不应使用比率估计抽样和差额估计抽样，而考虑使用其他的替代方法，如均值估计抽样或 PPS 抽样。

（二）PPS 抽样

PPS 抽样是以货币单位作为抽样单元进行选样的一种方法，有时也被称为金额加权抽样、货币单位抽样、累计货币金额抽样以及综合属性变量抽样等。在该方法下，总体中的每个货币单位被选中的机会相同，所以总体中某一项目被选中的概率等于该项目的金额与总体金额的比率。项目金额越大，被选中的概率就越大。但实际上，注册会计师并不是对总体中的货币单位实施检查，而是对包含被选取货币单位的余额或交易实施检查。注册会计师检查的余额或交易被称为逻辑单元。

复习思考题

1. 抽样风险与非抽样风险是如何影响审计风险的？

2. 审计抽样方法适用于哪些审计程序？不适用于哪些审计程序？
3. 确定样本规模时应考虑哪些因素？
4. 选取样本的方法有哪些？各自适用范围如何？
5. 试述属性抽样审计的程序。
6. 试述变量抽样审计的程序。

11 CHAPTER 第十一章 审计报告

第一节 民间审计报告

一、民间审计报告的含义

民间审计报告是指注册会计师根据中国注册会计师审计准则的规定，在实施审计工作的基础上对被审计单位财务报表发表审计意见的书面文件，包括标准审计报告和非标准审计报告。

为了规范注册会计师形成审计意见，出具审计报告，中国注册会计师协会颁布了《审计准则第 1501 号——审计报告》和《审计准则第 1502 号——非标准审计报告》，注册会计师应当严格执行。

二、审计报告的要素

根据《审计准则第 1501 号——审计报告》规定，标准审计报告要素如下：

（1）标题。应当统一规范为“审计报告”。

（2）收件人。一般是指审计业务的委托人，应当载明收件人的全称。

（3）引言段。应当说明被审计单位的名称和财务报表已经过审计，并包括下列内容：指出构成整套财务报表的每张财务报表的名称；提及财务报表附注；指明财务报表的日期和涵盖的期间。

（4）管理层对财务报表的责任段。应当说明按照适用的会计准则和相关会计制度的规定编制财务报表是管理层的责任，这种责任包括：设计、实施和维护与财务报表编制相关的内部控制，以使财务报表不存在由于舞弊或错误而导致的重大错报；选择和运用恰当的会计政策；作出合理的会计估计。

（5）注册会计师的责任段。应当说明：注册会计师的责任是在实施审计工作的基础上对财务报表发表审计意见；审计工作涉及实施审计程序，以获取有关财务报表金额和披露的审计证据；注册会计师相信已获取的审计证据是充分、适当的，为其发表审计意见提供了基础。

(6) 审计意见段。应当说明财务报表是否按照适用的会计准则和相关会计制度的规定编制，是否在所有重大方面公允反映了被审计单位的财务状况、经营成果和现金流量。

(7) 注册会计师的签名和盖章。应当由注册会计师签名并盖章。

(8) 会计师事务所的名称、地址及盖章。应当载明会计师事务所的名称和地址，并加盖会计师事务所公章。

(9) 报告日期。不应早于注册会计师获取充分、适当的审计证据，并在此基础上对财务报表形成审计意见的日期。

三、标准审计报告

标准审计报告，是指注册会计师出具的无保留意见审计报告，该报告不附加说明段、强调事项段或任何修饰性用语。

根据《审计准则第1501号——审计报告》规定，如果认为财务报表符合下列所有条件，注册会计师应当出具无保留意见的审计报告：

(1) 财务报表已经按照适用的会计准则和相关会计制度的规定编制，在所有重大方面公允反映了被审计单位的财务状况、经营成果和现金流量；

(2) 注册会计师已经按照中国注册会计师审计准则的规定计划和实施审计工作，审计范围未受到限制。

出具无保留意见的审计报告时，注册会计师应当以“我们认为”作为意见段的开头，并使用“在所有重大方面”、“公允反映”等术语。

标准审计报告的参考格式如下：

审　计　报　告

ABC股份有限公司全体股东：

我们审计了后附的ABC股份有限公司（以下简称ABC公司）财务报表，包括20××年12月31日的资产负债表，20××年度的利润表、股东权益变动表和现金流量表以及财务报表附注。

一、管理层对财务报表的责任

按照企业会计准则和《××会计制度》的规定，编制财务报表是ABC公司管理层的责任。这种责任包括：(1) 设计、实施和维护与财务报表编制相关的内部控制，以使财务报表不存在由于舞弊或错误而导致的重大错报；(2) 选择和运用恰当的会计政策；(3) 作出合理的会计估计。

二、注册会计师的责任

我们的责任是在实施审计工作的基础上对财务报表发表审计意见。我们按照中国注册会计师审计准则的规定执行了审计工作。中国注册会计师审计准则要求我们遵守职业道德规范，计划和实施审计工作以对财务报表是否不存在重大错报获取合理保证。

审计工作涉及实施审计程序，以获取有关财务报表金额和披露的审计证据。选择的审计程序取决于注册会计师的判断，包括对由于舞弊或错误导致的财务报表重大错报风险的评估。在进行风险评估时，我们考虑与财务报表编制相关的内部控制，以设计恰当的审计程序，但目的并非对内部控制的有效性发表意见。审计工作还包括评价管理层选用会计政策的恰当性和作出会计估计的合理性，以及评价财务报表的总体列报。

我们相信，我们获取的审计证据是充分、适当的，为发表审计意见提供了基础。

三、审计意见

我们认为，ABC 公司财务报表已经按照企业会计准则和《××会计制度》的规定编制，在所有重大方面公允反映了 ABC 公司 20××年 12 月 31 日的财务状况以及 20××年度的经营成果和现金流量。

××会计师事务所　　　　　　　　　　中国注册会计师：×××
（盖章）　　　　　　　　　　　　　　（签名并盖章）
　　　　　　　　　　　　　　　　　　中国注册会计师：×××
　　　　　　　　　　　　　　　　　　（签名并盖章）
　　　　　　　　　　　　　　　　　　中国××市
　　　　　　　　　　　　　　　　　　二〇××年×月×日

四、非标准审计报告

非标准审计报告，是指标准审计报告以外的其他审计报告，包括带强调事项段的无保留意见审计报告和非无保留意见的审计报告。

（一）带强调事项段的无保留意见审计报告

审计报告的强调事项段是指注册会计师在审计意见段之后增加的对重大事项予以强调的段落。注册会计师应当在强调事项段中指明，该段内容仅用于提醒财务报表使用者关注，并不影响已发表的审计意见。

根据《审计准则第 1502 号——非标准审计报告》规定，强调事项应当同时符合下列条件：

(1) 可能对财务报表产生重大影响，但被审计单位进行了恰当的会计处理，且在财务报表中作出充分披露。

(2) 不影响注册会计师发表的审计意见。

当存在可能导致对持续经营能力产生重大疑虑的事项或情况但不影响已发表的审计意见时，注册会计师应当在审计意见段之后增加强调事项段对此予以强调。

当存在可能对财务报表产生重大影响的不确定事项（持续经营问题除外）但不影响已发表的审计意见时，注册会计师应当考虑在审计意见段之后增加强调事项段对此予以强调。

除上述规定的两种情形以及其他审计准则规定的增加强调事项段的情形外，注册会计师不应在审计报告的审计意见段之后增加强调事项段或任何解释性段落，以免财务报表使用者产生误解。

带强调事项段的无保留意见的审计报告参考格式

审 计 报 告

ABC 股份有限公司全体股东：

我们审计了后附的 ABC 股份有限公司（以下简称 ABC 公司）财务报表，包括 20××年 12 月 31 日的资产负债表，20××年度的利润表、股东权益变动表和现金流量表以及财务报表附注。

一、管理层对财务报表的责任

按照企业会计准则和《××会计制度》的规定，编制财务报表是 ABC 公司管理层的责任。这种责任包括：(1) 设计、实施和维护与财务报表编制相关的内部控制，以使财务报表不存在由于舞弊或错误而导致的重大错报；(2) 选择和运用恰当的会计政策；(3) 作出合理的会计估计。

二、注册会计师的责任

我们的责任是在实施审计工作的基础上对财务报表发表审计意见。我们按照中国注册会计师审计准则的规定执行了审计工作。中国注册会计师审计准则要求我们遵守职业道德规范，计划和实施审计工作以对财务报表是否不存在重大错报获取合理保证。

审计工作涉及实施审计程序，以获取有关财务报表金额和披露的审计证据。选择的审计程序取决于注册会计师的判断，包括对由于舞弊或错误导致的财务报表重大错报风险的评估。在进行风险评估时，我们考虑与财务报表编制相关的内部控制，以设计恰当的审计程序，但目的并非对内部控制的有效性发表意见。审计工作还包括评价管理层选用会计政策的恰当性和作出会

计估计的合理性，以及评价财务报表的总体列报。

我们相信，我们获取的审计证据是充分、适当的，为发表审计意见提供了基础。

三、审计意见

我们认为，ABC 公司财务报表已经按照企业会计准则和《××会计制度》的规定编制，在所有重大方面公允反映了 ABC 公司 20××年 12 月 31 日的财务状况以及 20××年度的经营成果和现金流量。

四、强调事项

我们提醒财务报表使用者关注，如财务报表附注×所述，ABC 公司在 20××年发生亏损×万元，在 20××年 12 月 31 日，流动负债高于资产总额×万元。ABC 公司已在财务报表附注×充分披露了拟采取的改善措施，但其持续经营能力仍然存在重大不确定性。本段内容不影响已发表的审计意见。

××会计师事务所　　　　　　　　　　中国注册会计师：×××
（盖章）　　　　　　　　　　　　　　　（签名并盖章）
　　　　　　　　　　　　　　　　　　中国注册会计师：×××
　　　　　　　　　　　　　　　　　　　（签名并盖章）
　　　　　　　　　　　　　　　　　　　中国××市
　　　　　　　　　　　　　　　　　　二〇××年×月×日

（二）非无保留意见的审计报告

非无保留意见的审计报告包括保留意见的审计报告、否定意见的审计报告和无法表示意见的审计报告。

根据《审计准则第 1502 号——非标准审计报告》规定，当存在下列情形之一时，如果认为对财务报表的影响是重大的或可能是重大的，注册会计师应当出具非无保留意见的审计报告：一是注册会计师与管理层在被审计单位会计政策的选用、会计估计的作出或财务报表的披露方面存在分歧；二是审计范围受到限制。

当出具非无保留意见的审计报告时，注册会计师应当在注册会计师的责任段之后、审计意见段之前增加说明段，清楚地说明导致所发表意见或无法发表意见的所有原因，并在可能情况下，指出其对财务报表的影响程度。

审计报告的说明段是指审计报告中位于审计意见段之前用于描述注册会计师对财务报表发表保留意见、否定意见或无法表示意见理由的段落。

1. 保留意见的审计报告

根据《审计准则第1502号——非标准审计报告》规定，如果认为财务报表整体是公允的，但还存在下列情形之一，注册会计师应当出具保留意见的审计报告：

（1）会计政策的选用、会计估计的作出或财务报表的披露不符合适用的会计准则和相关会计制度的规定，虽影响重大，但不至于出具否定意见的审计报告；

（2）因审计范围受到限制，不能获取充分、适当的审计证据，虽影响重大，但不至于出具无法表示意见的审计报告。

当出具保留意见的审计报告时，注册会计师应当在审计意见段中使用“除……的影响外”等术语。如果因审计范围受到限制，注册会计师还应当在注册会计师的责任段中提及这一情况。

保留意见的审计报告（审计范围受到限制）参考格式

审 计 报 告

ABC股份有限公司全体股东：

我们审计了后附的ABC股份有限公司（以下简称ABC公司）财务报表，包括20××年12月31日的资产负债表，20××年度的利润表、股东权益变动表和现金流量表以及财务报表附注。

一、管理层对财务报表的责任

按照企业会计准则和《××会计制度》的规定编制财务报表是ABC公司管理层的责任。这种责任包括：（1）设计、实施和维护与财务报表编制相关的内部控制，以使财务报表不存在由于舞弊或错误而导致的重大错报；（2）选择和运用恰当的会计政策；（3）作出合理的会计估计。

二、注册会计师的责任

我们的责任是在实施审计工作的基础上对财务报表发表审计意见。除本报告“三、导致保留意见的事项”所述事项外，我们按照中国注册会计师审计准则的规定执行了审计工作。中国注册会计师审计准则要求我们遵守职业道德规范，计划和实施审计工作以对财务报表是否不存在重大错报获取合理保证。

审计工作涉及实施审计程序，以获取有关财务报表金额和披露的审计证据。选择的审计程序取决于注册会计师的判断，包括对由于舞弊或错误导致的财务报表重大错报风险的评估。在进行风险评估时，我们考虑与财务报表编制相关的内部控制，以设计恰当的审计程序，但目的并非对内部控制的有效性发表意见。审计工作还包括评价管理层选用会计政策的恰当性和作出会计估计的合理性，以及评价财务报表的总体列报。

我们相信，我们获取的审计证据是充分、适当的，为发表审计意见提供了基础。

三、导致保留意见的事项

ABC公司20××年12月31日的应收账款余额×万元，占资产总额的×%。由于ABC公司未能提供债务人地址，我们无法实施函证以及其他替代审计程序，以获取充分、适当的审计证据。

四、审计意见

我们认为，除了前段所述未能实施函证可能产生的影响外，ABC公司财务报表已经按照企业会计准则和《××会计制度》的规定编制，在所有重大方面公允反映了ABC公司20××年12月31日的财务状况以及20××年度的经营成果和现金流量。

××会计师事务所
（盖章）

中国注册会计师：×××
（签名并盖章）
中国注册会计师：×××
（签名并盖章）
中国××市
二〇××年×月×日

2. 否定意见的审计报告

根据《审计准则第1502号——非标准审计报告》规定，如果认为财务报表没有按照适用的会计准则和相关会计制度的规定编制，未能在所有重大方面公允反映被审计单位的财务状况、经营成果和现金流量，注册会计师应当出具否定意见的审计报告。

当出具否定意见的审计报告时，注册会计师应当在审计意见段中使用“由于上述问题造成的重大影响”、“由于受到前段所述事项的重大影响”等术语。

否定意见的审计报告参考格式

审　计　报　告

ABC股份有限公司全体股东：

我们审计了后附的ABC股份有限公司（以下简称ABC公司）财务报表，包括20××年12月31日的资产负债表，20××年度的利润表、股东权益变动表和现金流量表以及财务报表附注。

一、管理层对财务报表的责任

按照企业会计准则和《××会计制度》的规定编制财务报表是ABC公司管理层的责任。这种责任包括：(1) 设计、实施和维护与财务报表编制相关的内部控制，以使财务报表不存在由于舞弊或错误而导致的重大错报；(2) 选择和运用恰当的会计政策；(3) 作出合理的会计估计。

二、注册会计师的责任

我们的责任是在实施审计工作的基础上对财务报表发表审计意见。我们按照中国注册会计师审计准则的规定执行了审计工作。中国注册会计师审计准则要求我们遵守职业道德规范，计划和实施审计工作以对财务报表是否不存在重大错报获取合理保证。

审计工作涉及实施审计程序，以获取有关财务报表金额和披露的审计证据。选择的审计程序取决于注册会计师的判断，包括对由于舞弊或错误导致的财务报表重大错报风险的评估。在进行风险评估时，我们考虑与财务报表编制相关的内部控制，以设计恰当的审计程序，但目的并非对内部控制的有效性发表意见。审计工作还包括评价管理层选用会计政策的恰当性和作出会计估计的合理性，以及评价财务报表的总体列报。

我们相信，我们获取的审计证据是充分、适当的，为发表审计意见提供了基础。

三、导致否定意见的事项

如财务报表附注×所述，ABC公司的长期股权投资未按企业会计准则的规定采用权益法核算。如果按权益法核算，ABC公司的长期投资账面价值将减少×万元，净利润将减少×万元，从而导致ABC公司由盈利×万元变为亏损×万元。

四、审计意见

我们认为，由于受到前段所述事项的重大影响，ABC公司财务报表没有按照企业会计准则和《××会计制度》的规定编制，未能在所有重大方面公允反映ABC公司20××年12月31日的财务状况以及20××年度的经营成果和现金流量。

××会计师事务所　　　　　　　　　　中国注册会计师：×××
（盖章）　　　　　　　　　　　　　　（签名并盖章）
　　　　　　　　　　　　　　　　　　中国注册会计师：×××
　　　　　　　　　　　　　　　　　　（签名并盖章）
　　　　　　　　　　　　　　　　　　中国××市
　　　　　　　　　　　　　　　　　　二〇××年×月×日

3. 无法表示意见的审计报告

根据《审计准则第1502号——非标准审计报告》规定，如果审计范围受到限制可能产生的影响非常重大和广泛，不能获取充分、适当的审计证据，以至于无法对财务报表发表审计意见，注册会计师应当出具无法表示意见的审计报告。

当出具无法表示意见的审计报告时，注册会计师应当删除注册会计师的责任段，并在审计意见段中使用"由于审计范围受到限制可能产生的影响非常重大和广泛"、"我们无法对上述财务报表发表意见"等术语。

无法表示意见的审计报告参考格式

审 计 报 告

ABC股份有限公司全体股东：

我们接受委托，审计后附的ABC股份有限公司（以下简称ABC公司）财务报表，包括20××年12月31日的资产负债表，20××年度的利润表、股东权益变动表和现金流量表以及财务报表附注。

一、管理层对财务报表的责任

按照企业会计准则和《××会计制度》的规定编制财务报表是ABC公司管理层的责任。这种责任包括：（1）设计、实施和维护与财务报表编制相关的内部控制，以使财务报表不存在由于舞弊或错误而导致的重大错报；（2）选择和运用恰当的会计政策；（3）作出合理的会计估计。

二、导致无法表示意见的事项

ABC公司未对20××年12月31日的存货进行盘点，金额为×万元，占期末资产总额的40%。我们无法实施存货监盘，也无法实施替代审计程序，以对期末存货的数量和状况获取充分、适当的审计证据。

三、审计意见

由于上述审计范围受到限制可能产生的影响非常重大和广泛，我们无法对ABC公司财务报表发表意见。

××会计师事务所
（盖章）

中国注册会计师：×××
（签名并盖章）
中国注册会计师：×××
（签名并盖章）
中国××市
二〇××年×月×日

第二节 国家审计报告

一、国家审计报告的含义

根据《审计法》规定，国家审计报告分为审计组的审计报告和审计机关的审计报告两个层次。

审计组的审计报告指审计组对审计事项实施审计后，就审计实施情况和审计结果向派出本审计组的审计机关提交的书面报告。它属于审计机关的内部业务文书，是形成审计机关的审计报告的基础。

审计机关的审计报告指审计机关按照审计署规定的程序对审计组的审计报告进行审议后，对被审计单位财政财务收支的真实、合法、效益发表审计意见的书面文书，它是审计结果的最终载体。

审计报告应当内容完整、结构合理、观点明确、条理清楚、用词恰当、格式规范。

二、审计报告的基本要素

审计报告的要素指构成审计报告必不可少的组成部分，一份完整的审计报告应当包括下列基本要素：

（1）标题。审计报告的标题应当包括被审计单位名称、审计事项的主要内容和时间。

（2）主送单位。主送单位即派出审计组的审计机关。

（3）审计报告的内容。

（4）审计组组长签名。

（5）审计组向审计机关提出审计报告的日期。

三、审计报告的具体内容

（1）审计的范围、内容、方式、起讫时间；

（2）被审计单位的基本情况，财政财务隶属关系，财政收支、财务收支状况等；

（3）被审计单位对提供的会计资料的真实性和完整性的承诺情况；

（4）实施审计的步骤和采取的方法及其他有关情况的说明；

（5）被审计单位财政收支、财务收支的真实、合法、效益情况及其评价意见；

（6）审计查出的被审计单位违反国家规定的财政收支、财务收支行为的事实以及定性、处理、处罚的法律、法规规定；

（7）对被审计单位提出改进财政收支、财务收支管理的意见和建议。

四、审计机关审定审计报告

审计组对审计事项实施审计后，应当及时向审计机关提出审计报告，提出的时间一般不得超过60日。

审计机关对审计组提交的审计报告及被审计单位的反馈意见经复核机构或者复核人员复核，提出复核意见后进行审定，并依法提出审计意见书，作出审计决定。一般审计事项的审计报告，应当提交审计机关审计业务会议进行审定。

审定审计报告的主要内容是：

（1）与审计事项有关的事实是否清楚；

（2）被审计单位对审计报告的意见和复核机构或者复核人员提出的复核意见是否正确；

（3）审计评价意见是否恰当；

（4）定性、处理、处罚建议是否合法、恰当。

五、审计决定

（一）审计决定的含义

审计决定是审计机关按规定的程序，在法定职权范围内，对审计报告进行审定后，对被审计单位违反国家规定的财政、财务收支行为给予处理和处罚的决定。

（二）审计处理处罚的种类

审计处理的种类有：责令限期缴纳、上缴应当缴纳或上缴的财政收入；责令限期退还违法所得；责令限期退还被侵占的国有资产；责令冲转或调整有关会计账目；依法采取其他处理措施。

审计处罚的种类有：警告 、通报批评；罚款；没收违法所得；依法采取其他处罚措施。

第三节　内部审计报告

一、内部审计报告的含义

内部审计报告指内部审计人员根据审计计划对被审计单位实施必要的审计程序后，就被审计单位经营活动和内部控制的适当性、合法性和有效性出具的书面文件。如有必要，内部审计人员可以在审计过程中提交期中报告，以便及时采取有效的纠正措施，改善经营活动和内部控制。

内部审计报告应当客观、完整、清晰、及时，具有建设性，并体现重要性原则。

二、内部审计报告的基本要素

（1）标题；

（2）收件人；

（3）正文；

（4）附件，包括对审计过程与审计发现问题的具体说明、被审计单位的反馈意见等；

（5）签章；

（6）报告日期。

三、审计报告正文的内容

1. 审计概况

应说明审计立项依据、审计目的和范围、审计重点和审计标准等内容。

2. 审计依据

应声明内部审计是按照内部审计准则的规定实施，若存在未遵循准则的情况，应对其作出解释和说明。

3. 审计结论

根据已查明的事实，对被审计单位经营活动和内部控制作出评价。

4. 审计决定

即针对审计发现的主要问题提出的处理、处罚意见。

5. 审计建议

即针对审计发现的主要问题提出改善经营活动和内部控制的建议。

复习思考题

1. 何谓民间审计报告？它包括哪几个要素？
2. 试述标准审计报告出具情形。
3. 试述带强调事项段的无保留意见审计报告出具情形。
4. 试述保留意见的审计报告出具情形。
5. 国家审计报告的基本要素有哪些？其具体内容有哪些？
6. 内部审计报告正文的内容有哪些？

参考资料

[1] 中国注册会计师协会编. 中国注册会计师执业准则指南（上、下）. 中国财政经济出版社，2007 年修订.

[2] 审计署法制司编. 新《审计法》释解与实务指导. 中国市场出版社，2006.

[3] 刘明辉. 审计. 东北财经大学出版社，2007.

[4] 秦荣生，卢春泉. 审计学. 中国人民大学出版社，2007.

[5] 李风鸣. 审计学原理. 中国审计出版社，2005.

[6] 文硕. 世界审主计史. 企业管理出版社，1996.

[7] 理查德·L·莱特里夫，温特·A·华里丝，格兰恩·E·萨姆那，威廉·G·麦克弗兰特，吉母斯·K·罗贝克. 内部审计原理与技术（上、下）. 内部审计原理与技术翻译组，译. 中国审计出版社，2000.